AF764761

Ingresos Pasivos

Cómo Generar Riqueza Sin Intercambiar Tiempo Por Dinero Y Lograr La Libertad Financiera A Través De Los Negocios En Línea, El Emprendedurismo, La Inversión En Bienes Raíces, El Mercado De Valores, Los Dividendos Y Más.

Samuel Feron

Contents

Introducción

Los ingresos pasivos suelen denominarse "ganar dinero mientras duermes", pero van más allá. Todo el mundo estaría contando billetes de un dólar si realmente fuera tan sencillo. Si tienes suficiente efectivo, puedes invertir en activos que generen ingresos automáticamente, como acciones, criptodivisas y propiedades de alquiler de Airbnb. Pero, ¿qué ocurre si careces de fondos para empezar?

Crear tus propios activos es la solución para muchos blogueros y diseñadores. Los activos más grandes, como los bienes inmuebles, requieren un capital de inversión que no todo el mundo posee. Sin embargo, crear tus activos exige una inversión inicial de tiempo y esfuerzo antes de empezar a cosechar los beneficios.

Supongamos que estás dispuesto a no aceptar prácticamente ninguna compensación mientras desarrollas tu enfoque de ingresos pasivos. En ese caso, puede ser una increíble fuente de ingresos a largo plazo y una fuente fiable de flujo de caja.

Los ingresos pasivos pueden ser una dulce manera de generar un flujo de efectivo extra, ya sea tratando de establecer un segundo trabajo o con la esperanza de hacer un poco de dinero extra mensual. Esto es especialmente cierto en estos momentos en los que la inflación es omnipresente en toda la economía. Los ingresos pasivos pueden permitirte aumentar tus ingresos en tiempos de prosperidad. También pueden ayudarte si decides tomarte un día fuera del trabajo, si pierdes tu empleo de forma inesperada o si la inflación sigue erosionando tu poder adquisitivo.

Puedes seguir ganando dinero con los ingresos pasivos mientras trabajas en tu empleo actual, o si puedes construir un flujo de ingresos pasivos estable, podrías tomarte un breve descanso. En cualquier caso, tener ingresos pasivos te da más seguridad. Crear riqueza a través de los ingresos pasivos también puede resultarte atractivo si te preocupa ahorrar lo suficiente de tus ingresos para alcanzar tus objetivos de jubilación.

Además de devolverte tiempo, puedes concentrarte en objetivos financieros importantes, como el ahorro para la jubilación, generando ingresos pasivos. También puede ser una magnífica fuente de dinero extra si dejas el trabajo o te despiden inesperadamente.

En este libro, definimos los ingresos pasivos, analizamos su importancia y esbozamos varias estrategias para generarlos.

1

Introducción a los ingresos pasivos

Dado que el tiempo es uno de nuestros bienes más valiosos, los empresarios deben aprovecharlo al máximo. A diferencia del dinero, no podemos recuperar el tiempo que ya se ha gastado; una vez que se ha gastado, no se puede recuperar.

Tus principales preocupaciones a la hora de crear una empresa son probablemente los beneficios y el éxito, y parte de ello consiste en aprovechar al máximo tu tiempo y utilizarlo sabiamente para ampliar tu negocio y lograr la independencia que deseas.

El objetivo de muchos empresarios es generar ingresos pasivos. Se trata de una fuente de ingresos fiable que no necesita mantenimiento ni trabajo por tu parte y, lo que es más importante, no depende de que le prestes tu atención diaria o por horas.

Como estos ingresos llegarán por sí solos, puedes concentrarte en otros aspectos de tu negocio y ganar dinero mientras duermes.

Una de las formas más agradables de ganar dinero es a través de los ingresos pasivos. Los ingresos pasivos son el dinero que entra con regularidad sin necesidad de mucho trabajo para generarlo.

Los ingresos pasivos son deseables porque no implican ningún esfuerzo para ganar dinero. Esto es lo que se quiere decir cuando alguien dice que hace que su dinero trabaje para él. Por lo general, inviertes tu dinero en un producto que te conseguirá dinero.

Sin embargo, ten en cuenta que los ingresos pasivos están sujetos a impuestos. Pero no dejes que los impuestos te impidan obtener ingresos pasivos. Aunque tributan de forma diferente a los ingresos activos, los ingresos pasivos siguen estando sujetos a impuestos, así que investiga antes de invertir.

Si ahora sólo dependes de una renta activa, aquí tienes más información sobre el valor de una renta pasiva y cómo generarla.

Entender los ingresos pasivos

Los ingresos activos, los ingresos pasivos y los ingresos de cartera son los tres tipos principales de ingresos.

Los ingresos pasivos son aquellos que pueden generarse sin necesidad de un trabajo o compromiso activo. Los dividendos e intereses de acciones y bonos, los ingresos por alquiler de propiedades, las regalías de patentes y derechos de autor y los ingresos por contenidos digitales son ejemplos de ingresos pasivos.

El 20% de las familias estadounidenses, según la Oficina del Censo de EE.UU., obtienen alrededor de 4.200 dólares al año en ingresos pasivos procedentes de dividendos, intereses o propiedades en alquiler.

Los ingresos pasivos pueden contribuir significativamente a la creación de riqueza. Sin embargo, la capacidad de invertir en activos que proporcionen estos flujos de ingresos es más probable que esté al alcance de los hogares con mayores ingresos.

Qué no son los ingresos pasivos

Cuando la actividad es un esfuerzo empresarial continuo que requiere un compromiso material, no se trata de ingresos pasivos.

Supongamos que una persona dedica más de 500 horas de trabajo a una actividad económica en un año natural. En ese caso, el Servicio de Impuestos Internos (IRS) considera que esa persona tiene una participación material en ese negocio.

Si una persona ha aportado más de 100 horas a un proyecto en equipo y nadie ha aportado más que esa persona, también se considera participación material.

Los ingresos pasivos no incluyen las actividades que se consideran participación material. Entre ellas se incluyen la paga, las propinas, las comisiones y los salarios. En cambio, para percibir este tipo de ingresos suele exigirse un servicio real.

Por qué son importantes los ingresos pasivos

Puedes aprender a generar ingresos pasivos de forma paralela en lugar de invertir todo tu tiempo y energía en una idea de negocio que exige mucho trabajo. No querrás perderte ninguna de las numerosas ventajas de la generación de ingresos pasivos.

Entonces, ¿estás preparado para descubrir las ventajas de los ingresos pasivos? Veamos seis ventajas de la inversión pasiva que puedes aprovechar.

1. Tu situación financiera es más estable:

Muchos jóvenes luchan por asegurar su futuro financiero. Se quedan luchando para llegar a fin de mes mientras viven de sueldo en sueldo.

Cuando se tienen ingresos pasivos, se puede depender de ganar dinero sin tener que trabajar para ello. Como resultado, puedes alcanzar la estabilidad financiera mucho más rápidamente porque eres consciente de tu red de seguridad financiera.

2. Tu dependencia de un sueldo terminará:

Como ya hemos dicho, muchas personas dependen de su trabajo para cubrir el alquiler mensual y otros gastos. Pueden surgir problemas si su sueldo es inferior al habitual debido a bajas por enfermedad o vacaciones.

Sin embargo, esto no es una preocupación cuando se tienen ingresos pasivos. Tú sabes que tienes un ingreso pasivo adicional que puedes utilizar en caso de emergencia.

3. Podrás alcanzar tus objetivos más fácilmente:

Aunque el dinero no pueda comprarlo todo, puede comprar mucho. Además, tener inversiones pasivas te da acceso a dinero extra.

Esto implica que dispones de más dinero extra para destinar a ahorros que te ayuden a prepararte para compras importantes como una casa, un coche o la matrícula de la universidad. En otras palabras, tus ingresos pasivos aceleran la consecución de tus objetivos.

4. Tu situación financiera mejora:

Es un reto tomarte tiempo del trabajo para dedicarte a tus pasiones cuando dependes sustancialmente de tus ingresos. En lugar de eso, tienes que trabajar muchas horas para garantizarte un sueldo fijo.

Pero todo cambia cuando consigues dinero pasivo. De repente, tomarte tiempo libre para perseguir tus aspiraciones te resultará mucho más fácil. Sabiendo que seguirás ganando, puedes permitirte tomarte tiempo libre del trabajo.

5. Adquieres independencia de ubicación:

¿Has imaginado alguna vez lo maravilloso que sería relajarte en la playa sin dejar de ganar dinero? Después de todo, ¡a menudo observamos a conocidos influencers haciéndolo!

Puedes empezar a recorrer el mundo y ganar dinero sin tener que estar trabajando todo el tiempo. Tienes la libertad de trabajar y vivir donde quieras, ¡gracias a los ingresos pasivos!

6. Puedes jubilarte anticipadamente:

Muchas personas esperan jubilarse anticipadamente. Sin embargo, si vives al día, lo más probable es que la jubilación aún esté lejos.

Puedes empezar a ahorrar para la jubilación antes si tienes ingresos pasivos. Así podrás disfrutar de tus años dorados y jubilarte antes.

Tipos de ingresos pasivos

Los intereses cobrados por cuenta propia, los ingresos por alquileres y los beneficios de empresas en las que la persona que percibe los ingresos no tiene una participación significativa son ejemplos de ingresos pasivos. Para que se consideren ingresos pasivos, deben cumplir determinadas normas del IRS.

Intereses propios

Los ingresos por intereses de un préstamo sobre los ingresos de la cartera realizados por el propietario de la entidad a una sociedad colectiva o a una sociedad de tipo S que opere como entidad canalizadora (básicamente, una sociedad creada para disminuir el impacto de la doble imposición) pueden considerarse ingresos pasivos. Según el IRS, "si el producto del préstamo se utiliza en una actividad pasiva, determinadas deducciones o ingresos por intereses cobrados por cuenta propia pueden tratarse como deducciones o ingresos brutos de actividades pasivas."

Alquileres

Salvo algunas excepciones, las propiedades en alquiler se definen como ingresos pasivos. Sin embargo, cualquier ingreso por alquiler que recibas como profesional inmobiliario se considera activo. El autoalquiler, o el alquiler de un espacio de tu propiedad a una empresa o sociedad en la que desarrollas tu actividad, no se consideran ingresos pasivos a menos que el contrato de arrendamiento se firmara antes de 1988, en cuyo caso está exento de la definición de ingresos pasivos.

Los ingresos por arrendamiento de terrenos tampoco se consideran ingresos pasivos. Sin embargo, si la propiedad de un terreno genera pérdidas durante el ejercicio fiscal, puede acogerse a las normas sobre pérdidas de ingresos pasivos.

"Ninguna participación material" en una empresa

Si invirtieras 500.000 dólares en una tienda de golosinas con el acuerdo de que los propietarios te darían una parte de los beneficios, se considerarían ingresos pasivos si no participaras activamente en su gestión más allá de la inversión. Tus ingresos podrían considerarse activos si ayudaras a los propietarios a gestionar el negocio aportando una "participación material".

El IRS establece normas para la participación material. Todos los siguientes se consideran ejemplos de participación material: Si has invertido más de 500 horas en un negocio o actividad de la que obtienes ingresos; Si tu participación en una actividad ha constituido "sustancialmente toda" la participación de ese ejercicio fiscal; Y si has participado en una actividad hasta 100 horas, que son al menos tantas como cualquier otra persona implicada en la actividad.

2

Negocios en línea

Las empresas en línea, también conocidas como activos digitales, pueden darte independencia de ubicación y un flujo de ingresos pasivos que te ayuden a alcanzar la libertad financiera.

Millones de personas han abandonado sus cubículos y se han lanzado al mundo con sus pequeños negocios en línea como fuente de ingresos constantes.

Del mismo modo, millones de inversores han aprovechado el potencial de ingresos de los activos digitales incorporándolos a sus carteras para mejorarlas y ampliarlas.

Sin embargo, debido a la inmadurez del sector de las fusiones y adquisiciones de empresas de Internet (M&A), los activos digitales aún se encuentran en las primeras fases de su reconocimiento como activos de inversión.

El mercado de los negocios en línea se está expandiendo a la par que el interés por ganar dinero en línea, ya que cada vez hay más empresas en línea disponibles para su compra.

Analizaremos brevemente cómo puedes beneficiarte de esta expansión del mercado. Veamos primero cómo construir tu idea de negocio y encontrar tu nicho.

Encontrar tu nicho y desarrollar una idea de negocio

Quieres lanzar un negocio, pero el nicho de mercado que sabes que debes seleccionar te lo impide. Además, esto puede suponer un reto: Incluso después de hacer una lista de tus pasiones e intereses, sigues sintiendo que no has encontrado lo que estabas destinado a hacer.

Sin embargo, presionarte demasiado para seleccionar el nicho ideal puede llevar a la parálisis.

Es importante completar la investigación al elegir un nicho de negocio rentable, pero es preferible empezar cuanto antes. De este modo, podrás probar ideas, salir al mercado más rápidamente y aprender de tus aciertos y errores. De esta forma, además, siempre podrás utilizar las lecciones que has aprendido de los fracasos anteriores y seguir adelante con nuevas ideas si tu negocio anterior no tiene éxito.

Utiliza los siguientes pasos para identificar tu nicho si tienes problemas para decidirte o necesitas más información.

1. Identifica tus pasiones e intereses:

Es posible que ya lo hayas hecho. Pero si no lo has hecho, empieza inmediatamente por hacer una lista de tus 10 principales pasiones e intereses.

Los negocios son difíciles y acabarán poniéndote a prueba. La probabilidad de que abandones aumentará considerablemente si trabajas en un campo que no te resulta interesante, sobre todo si es la primera vez que tienes un negocio.

Esto no implica que debas encontrar el encaje perfecto. Si hay una parte de la gestión del negocio que te apasiona, te mantendrás allí. Es posible que no encuentres la motivación para seguir si no te interesa el tema.

Aquí tienes algunas preguntas para identificar tus intereses y pasiones: ¿Qué te gusta hacer en tu tiempo libre? ¿Qué te gustaría hacer cuando no lo estás haciendo? ¿Qué publicaciones lees habitualmente? ¿Cuáles son tus temas favoritos para aprender? ¿En qué grupos u organizaciones participas?

2. Identifica los problemas que puedes resolver:

Ya estás preparado para empezar a reducir tus opciones ahora que tienes tu lista de 10 temas. Encuentra los problemas de tu mercado objetivo y, a continuación, evalúa si realmente puedes solucionarlos para crear un negocio lucrativo. Puedes probar los siguientes consejos para encontrar problemas en nichos concretos:

- **Involucra a tu mercado objetivo en charlas individuales o sesiones de extracción de ideas -** Asegúrate de encontrar o desarrollar un marco de preguntas que te permita identificar los puntos débiles.

- **Busca en foros -** Busca en los foros de tu nicho o en Quora y fíjate en las conversaciones que allí se mantienen. ¿Qué preguntas se plantean? ¿A qué problemas se enfrentan?

- **Identifica palabras clave** - Utiliza Google Trends y el planificador de palabras clave de Google AdWords para experimentar con diversas combinaciones de palabras clave. Esto puede ayudarte a encontrar términos de búsqueda populares para problemas.

3. Investiga a tu competencia:

No hay nada definitivamente bueno o malo en la competencia. Puede que te esté diciendo que has descubierto un nicho lucrativo. Sin embargo, debes examinar a fondo los sitios web competidores. Empieza registrando en una hoja de cálculo todos los sitios web competidores que puedas descubrir.

A continuación, determina si aún existe la posibilidad de destacar entre la multitud. ¿Todavía es posible posicionarte para las palabras clave? ¿Puedes diferenciarte de la competencia y hacer una oferta especial? Estos son algunos indicadores de que puedes entrar en un nicho y tener éxito aunque otros sitios web ya lo estén haciendo:

- **Contenidos de baja calidad** - En un mercado en el que otros propietarios de empresas no están produciendo material útil y en profundidad para el público, es fácil dejarlos atrás en el ranking.

- **Falta transparencia** - Varios empresarios de Internet han revolucionado sectores enteros creando una presencia auténtica y abierta en un nicho en el que otros sitios web carecen de rostro y son excesivamente corporativos.

- **Ausencia de competencia pagada** - Existe la posibilidad de perturbar el sector si descubres una palabra clave con bastante volumen de búsquedas pero poca competencia y publicidad de pago.

4. Averigua la rentabilidad de tu nicho:

A estas alturas, ya deberías tener bastante claro el nicho en el que piensas introducirte. Incluso si no has reducido tu lista a un tema concreto, es probable que hayas identificado algunas ideas que te gustan. En este punto, es crucial saber cuánto dinero podrías ganar potencialmente en tu nicho. Un lugar inteligente para comenzar tu búsqueda es ClickBank.

Navega por los mejores productos de tu categoría. No es un buen indicador si no encuentras ninguna oferta. Implica que nadie ha conseguido ganar dinero con ese nicho.

Estás de suerte si tu búsqueda proporciona un número respetable de productos pero no una abundancia. Ten en cuenta los puntos de precio para fijar un precio competitivo para tus productos.

Además, recuerda que no estás obligado a lanzar tu negocio con una línea de tus productos. Mientras trabajas en tu solución original, puedes asociarte con empresas que fabriquen productos, publicidad y propietarios de sitios web de tu sector para obtener ingresos.

5. Pon a prueba tu hipótesis:

Una cosa que te queda por hacer es poner a prueba tu idea ahora que tienes todos los conocimientos necesarios para seleccionar un nicho. Una forma sencilla de hacerlo es crear una página de aterrizaje o landing page para la preventa de un producto que estés desarrollando. A continuación, puedes utilizar publicidad de pago para atraer visitantes a esta página.

Aunque no recibas preventas, tu nicho puede seguir siendo rentable a pesar de ello. Es posible que tus mensajes necesiten mejoras o que aún no hayas descubierto la oferta ideal. Puedes aumentar las conversiones y determinar qué es lo que disuade de actuar o no a tu mercado objetivo utilizando pruebas de división A/B.

Empieza a construir un sitio web completo una vez establecida la viabilidad de un nicho. Para aumentar tus ingresos y expandirte, querrás saber cómo crear un blog y atraer más visitantes a tu sitio web.

Sin embargo, recuerda que no siempre existe un método preciso para identificar un nicho. Aunque hacer los deberes es algo que querrás conseguir, en realidad nunca empezarás si pasas demasiado tiempo planificando. Necesitas desarrollar tus habilidades de arranque como emprendedor.

Arriésgate si crees que has encontrado una idea de negocio a la que puedes dedicarte. Las recompensas de la mera planificación palidecerán en comparación con el aprendizaje y el desarrollo resultantes de la acción.

Negocios de ingresos pasivos en línea que garantizan la libertad total

Si estás pensando en desarrollar un flujo de ingresos pasivos, echa un vistazo a estas 15 estrategias, aprende lo que se necesita para tener éxito con ellas y sé consciente de los peligros que conlleva cada concepto.

1. Abrir un negocio de Dropshipping:

Una de las mejores oportunidades de ingresos pasivos, incluso si no tienes mucho flujo de caja para empezar, es el dropshipping. Algunos "dropshippers" afirman ganar más de 100.000 dólares al año.

La estrategia de negocio del dropshipping consiste en crear una tienda en línea donde los clientes puedan explorar y comprar productos. El dropshipping es interesante porque no tienes que ver ni manipular los artículos físicos que vendes.

2. Vender productos digitales:

Los productos digitales son activos o soportes que los clientes no pueden tocar físicamente. Se trata de archivos que se pueden transferir o descargar, como plantillas, PDF, plug-ins y libros para Kindle.

Los productos digitales tienen grandes márgenes de beneficio, lo que los convierte en excelentes fuentes de ingresos. El activo debe crearse una vez, y puedes venderlo repetidamente a través de tu tienda en línea. No se necesita inventario ni espacio de almacenamiento.

Eres libre de vender tantos productos digitales como desees. Muchos creadores aumentan sus ingresos pasivos procedentes de activos digitales ofreciendo kits, imprimibles, archivos y otros recursos que los profesionales pueden utilizar.

3. Ofrecer cursos en línea:

La venta de cursos en línea es ahora más sencilla que nunca para los educadores. Tanto si tu tema es el marketing, la ilustración o el espíritu empresarial, tienes pocas restricciones para producir cursos pregrabados y empezar a venderlos. Sin tener existencias ni inventario, puedes vender cursos en línea con frecuencia y ganar dinero de forma pasiva.

Enseñar en línea requiere una inversión inicial de tiempo. Necesitarás producir recursos digitales como plantillas para que los estudiantes se lleven, un esquema para tu curso y una grabación.

Independientemente de tu perspectiva, ofrecer cursos en línea es un método fantástico para ganar dinero con poco compromiso inicial aparte de tu tiempo.

4. Crear un blog:

Aunque crear un blog puede ser difícil, el blogging como concepto de negocio se ha hecho cada vez más popular como fuente de ingresos pasivos.

Crear un blog lleva tiempo. Pero si produces material de alta calidad y lo publicitas en tus plataformas, desarrollarás una audiencia lo suficientemente grande como para generar unos ingresos considerables.

Vender productos de afiliación, escribir entradas de blog patrocinadas, vender tus productos y gestionar la publicidad de Google AdSense son opciones de ingresos pasivos para los blogueros.

¿Y lo mejor? No necesitas conocimientos de programación ni de diseño para crear un blog. Puedes crear un blog rápidamente con un servicio de alojamiento y un sistema de gestión de contenidos como Shopify.

5. Marketing de afiliación:

El marketing de afiliación es el acto de sugerir un bien o servicio a un cliente. Es una fantástica fuente de ingresos pasivos porque recibes una comisión cada vez que alguien utiliza tu enlace de referencia para comprar el bien o servicio sugerido.

Ganar dinero con el marketing de afiliación puede ser un método satisfactorio para ampliar las fuentes de ingresos de tu negocio. Tu tiempo es el único gasto. Una vez invertidas las horas, podrás seguir cosechando los beneficios.

6. Ventas de fotos de archivo en línea:

La fotografía es un negocio basado en los servicios, por lo que, a diferencia de muchas otras sugerencias de ingresos pasivos de nuestra lista, a menudo recibes una compensación por tu tiempo cuando te dedicas a ello. Para ganar dinero con la fotografía, debes estar presente en un evento o en una sesión fotográfica, lo que puede resultar tedioso al cabo de un tiempo, aunque estés ganando una fortuna.

Sin embargo, si trabajas como fotógrafo a tiempo completo o tienes una cámara de alta calidad, puedes obtener ingresos pasivos con la fotografía vendiendo tus imágenes en Internet. Sitios web de imágenes de archivo como Pexels, Shutterstock y otros medios de comunicación en línea pagan por imágenes y vídeos de alta calidad.

Puedes vincular productos digitales como impresiones o productos de impresión bajo demanda como camisetas y gorras si administras tu negocio de fotografía en Shopify, ofreciéndote más flujos de ingresos pasivos para que puedas ganar más y trabajar menos.

7. Conviértete en una influencer en las redes sociales:

Tienes que crear una comunidad de personas que compartan tus intereses si quieres convertirte en un influencer en las redes sociales, alguien que pueda influir en las decisiones de compra de otra persona.

¿Te gustan los cómics? Puedes abrir una cuenta de Instagram y publicar regularmente sobre las novedades de Marvel y los programas de televisión de DC. Lo mismo ocurre si te apasionan los deportes, el submarinismo, el diseño de interiores o incluso la cultura general.

Puedes utilizar esa actividad para promocionar varias ideas de ingresos pasivos si tu audiencia es activa. Por ejemplo, puedes colaborar con grandes y pequeñas empresas para comercializar sus productos entre tu audiencia. Otra posibilidad es ganar dinero vendiendo mercancía.

8. Adquirir una vivienda de alquiler:

La inversión inmobiliaria es uno de los primeros métodos de generar ingresos pasivos en particular y riqueza a largo plazo en general.

Si dispones de efectivo suficiente, puedes adquirir bienes inmuebles, como complejos de apartamentos, y alquilarlos para obtener ingresos por alquiler. Sin embargo, ser propietario es algo activo; puedes contratar a administradores de fincas para que se encarguen de la gestión de los inquilinos, el mantenimiento de la propiedad y el cobro de los alquileres.

Además, cuando mejore el mercado inmobiliario, aumentará el valor de tus viviendas, lo que incrementará tus beneficios en caso de una futura venta.

9. Realizar inversiones en Bolsa:

El mercado de valores es un método estupendo para crear riqueza duradera, a pesar de la elevada curva de aprendizaje y el potencial de confusión. Pensar a corto plazo en lugar de tener una visión a largo plazo para alcanzar los objetivos financieros es un error frecuente que comete la mayoría de la gente al invertir dinero.

Las inversiones en acciones tienen por objeto diversificar tu cartera y reducir el riesgo. Invertir en fondos de inversión, fondos indexados, fondos cotizados (ETF) y acciones con altos dividendos que produzcan plusvalías con el tiempo te ayudará a conseguirlo.

Antes de empezar a invertir en bolsa, debes abrir una cuenta de corretaje en una entidad financiera de confianza. Para ayudarte a planificar y alcanzar tus objetivos de ingresos pasivos, te recomendamos que consultes también a un asesor financiero.

10. Tu habitación extra:

Tal vez carezcas de la financiación inicial necesaria para invertir en propiedades de alquiler. Sin embargo, ¿te sobran habitaciones en tu piso? O bien, ¿piensas dejar tu casa desocupada durante un viaje por carretera de tres semanas? Puedes alquilar tu espacio libre con una empresa como Airbnb o VRBO.

Los propietarios de viviendas y los viajeros que buscan su próximo viaje pueden conectar a través de Airbnb. Hay una gran demanda de tu espacio disponible como anfitrión de Airbnb, ya que la gente elige Airbnb porque suelen ser más prácticos y se pueden encontrar por menos dinero que los hoteles.

Dependiendo de las normas locales, es posible que puedas comprar pisos únicamente para alquilarlos si deseas aumentar tus ingresos de Airbnb. Sin embargo, debes saber que establecer un acuerdo de alquiler suele conllevar trabajo. Antes de alquilar tu espacio, es posible que tengas que equiparlo o renovarlo.

11. Alquilar tu vehículo:

Puedes alquilar otras propiedades y tu casa para generar ingresos pasivos. Utilizando un servicio como Turo, también puedes alquilar tu vehículo. Si actualmente utilizas tu vehículo para ofrecer servicios de Uber, puedes registrarte en sitios web como Carvertise o Wrapify para ganar un dinero extra mientras viajas por la ciudad.

Encontrar a alguien que necesite un coche para Uber o Lyft es otra opción para ganar dinero con tu vehículo. Por lo tanto, puedes cargarte una serie de Netflix mientras tu coche conduce por ti en lugar de conducir activamente en tu tiempo libre.

12. Lanzar un canal de YouTube:

Aún es posible lanzar un canal de YouTube. Cada mes, la asombrosa cifra de 2.600 millones de personas utilizan YouTube en todo el mundo. Se trata de un público considerable al que atraer para obtener ingresos pasivos. ¿Cuál es el problema? Al principio requiere mucho trabajo a cambio de muy poca o ninguna recompensa.

Sin embargo, el potencial de ingresos de un canal de YouTube de éxito es alto si tienes una perspectiva a largo plazo y no te importa adelantar tus esfuerzos. A medida que acumules contenido, clics y visitas y amplíes tu audiencia, se acumularán fuentes de ingresos pasivos como ventas de afiliados, patrocinios, integraciones de marca y anuncios. Además, se puede ganar dinero creando un podcast y encontrando patrocinadores.

13. Invertir en REITs:

¿Y si careces de fondos para comprar complejos de viviendas completos? ¿Puedes seguir ganando dinero con los alquileres? Sí que puedes.

Una plataforma REIT como Fundrise te permite invertir en una variedad de activos inmobiliarios con una inversión mínima de 500 dólares y hacer crecer tus ingresos pasivos a medida que mejora el valor de tus inversiones. Un REIT es una empresa que posee y gestiona bienes inmuebles rentables. Al poner en común sus activos, los pequeños inversores pueden realizar inversiones que de otro modo no podrían permitirse.

Si dispones de capital inicial, los fondos de inversión inmobiliaria son una de las mejores posibilidades de ingresos a considerar como inversión a largo plazo. Poner en marcha un negocio requiere tanto dinero en efectivo por adelantado como un estudio exhaustivo. No querrás embarcarte en esta aventura sin pensar. Afortunadamente, hay varias herramientas disponibles para ayudarte a empezar.

14. Vender diseños en línea:

Vender diseños digitales en mercados de diseño como 99designs, ThemeForest o Creative Market es una forma estupenda de empezar a generar ingresos pasivos. Estas plataformas ofrecen un mercado integrado ya hambriento de materiales de diseño, independientemente de si utilizas un creador de sitios web para crear temas, logotipos, recursos de marca, plantillas, ilustraciones o fuentes.

Por ejemplo, tendrías que solicitar y esperar la aprobación para empezar a vender diseños en Creative Market. A partir de ahí, obtendrás tu propio espacio comercial para empezar a poner a la venta tus diseños exclusivos.

15. Alquila tu plaza de aparcamiento:

Con poco trabajo, las plazas de aparcamiento que no se utilizan pueden alquilarse para crear ingresos pasivos. Puedes generar ingresos a partir de la plaza vacante anunciándola a nivel local o en un sitio web de aparcamientos compartidos.

Los inquilinos que deseen un aparcamiento accesible pagarán una tarifa, lo que generará un flujo constante de ingresos con un mantenimiento mínimo mientras tú te beneficias económicamente.

3

Iniciativa empresarial

Ocurre a menudo. Estás haciendo una breve pausa en el trabajo para ver un vídeo motivacional de YouTube, como una charla TED. Un anuncio de una persona cautivadora afirma que puedes ganar dinero mientras duermes antes incluso de que empiece el vídeo. Hacer esto te permite vivir la vida que quieres sin tener que lidiar con la rutina de nueve a cinco. La misma mierda de siempre, ¿verdad?

Como propietarios de negocios, sabemos que los ingresos pasivos son legítimos, a pesar de que algunos de estos vídeos ofrecen información inútil. Se trata de "gente de negocios tratando de venderte uno de sus programas". Mirando lo que ofrecen, queda claro que la gente debe comprar su curso para ganar dinero.

Dicho de otra manera, el sujeto del anuncio de YouTube está haciendo un ingreso pasivo. Por ejemplo, podrían haber creado un método que les ayudó a tener éxito en el negocio de bienes raíces. A través de un curso en línea, ahora revelan sus secretos de éxito a los espectadores. Su principal fuente de ingresos era la venta de inmuebles. A través del curso educativo que desarrollaron, ahora ganan dinero extra.

Pero, ¿debe una empresa respetable invertir su dinero para crear un ingreso pasivo? Según mi experiencia, la respuesta es inequívocamente sí.

¿Por qué son necesarios los ingresos pasivos para los emprendedores?

Para empezar, genera varias fuentes de ingresos. Cuando tu empresa está aportando seis cifras, las fuentes de ingresos adicionales o de otro tipo pueden no parecer relevantes. Pero ten en cuenta -hablo por experiencia- que podrías perderlo todo al instante.

He contado mi historia varias veces y he ofrecido los puntos más destacados. Después de que Amazon cerrara mi primer negocio, lo perdí todo rápidamente.

Aunque unos ingresos pasivos no habrían evitado el cierre de mi negocio, no habría sido tan estresante si hubiera estado ganando dinero de varias fuentes diferentes. Mi familia no se habría visto perjudicada y habría podido pagar mis gastos en fecha durante un tiempo. Habría sido más fácil para mi familia y para mí volver a levantarnos.

Los empresarios pueden utilizar este dinero adicional para reducir su deuda aunque tengan éxito. ¿Cuánto mejoraría tu vida sin la carga de los préstamos empresariales o universitarios? Cuando estés libre de esta deuda, te sentirás más ligero y podrás utilizar ese dinero para invertir en tu negocio, fondo de vacaciones o jubilación.

Tus posibilidades de convertirte en millonario pueden aumentar si tienes varias fuentes de ingresos. Según los estudios, los millonarios que se han hecho a sí mismos tienen tres fuentes de ingresos en el 65% de los casos.

Por supuesto, los Benjamines no son el único objetivo. Estás preparado y puedes concentrarte más en las otras cosas importantes cuando puedes ganar dinero extra. Tu mente se libera, por lo que puedes trabajar más. Podrás generar ideas más originales sobre cómo desarrollar tu empresa. Descubrirás cómo encontrar más tiempo para tus seres queridos, un hobby, la educación o viajar.

Pautas de inicio y crecimiento para una empresa de éxito

Debes ser adaptable y tener una sólida capacidad de organización y planificación para triunfar en los negocios. Debes mantener registros precisos, aplicar planes eficaces y ofrecer un servicio al cliente de primera si quieres que tu empresa tenga éxito. Debes estar preparado para dedicar más tiempo y esfuerzo a tu negocio que el que dedicarías a un empleador.

Planifícalo todo cuidadosamente y date tiempo suficiente para tener éxito. Puedes tener éxito en tu empresa aplicando los nueve consejos siguientes, independientemente del tipo de negocio que pretendas poner en marcha.

1. Configura un sistema:

Para tener éxito en los negocios, hay que ser organizado. Te ayudará a terminar las tareas y a mantener un horario ordenado. Una de las mejores técnicas de organización es hacer una lista de tareas cada día. A medida que vayas completando cada elemento de la lista, táchalo. De este modo, no olvidarás nada y realizarás todas las tareas necesarias para garantizar la longevidad de tu empresa.

Hay numerosas tecnologías SaaS disponibles para mejorar las organizaciones. Slack, Asana, Zoom, Microsoft Teams y otras más recientes son ejemplos de este tipo de herramientas. Una simple hoja de cálculo Excel bastará para muchas necesidades organizativas de una empresa.

2. Lleva un registro exhaustivo:

Todas las empresas de éxito mantienen registros exhaustivos. De este modo, conocerás la situación financiera de la empresa y las posibles dificultades. Saber esto te permitirá desarrollar planes para hacer frente a esas dificultades.

La mayoría de las empresas mantienen dos conjuntos de registros, en papel y en línea. Una empresa puede dejar de preocuparse por la pérdida de datos si dispone de registros continuamente actualizados y con copias de seguridad. El registro físico sirve como copia de seguridad, pero se utiliza más a menudo para confirmar la exactitud de los demás datos.

3. Examina a tus competidores:

Los mejores resultados proceden de la competencia. Si quieres prosperar, no debes tener miedo de investigar y aprender de tus competidores. Al fin y al cabo, puede que estén haciendo algo correctamente que tú puedes adoptar en tu negocio para aumentar los beneficios.

La forma de evaluar a la competencia variará según el negocio. Si eres propietario de un restaurante, puedes recopilar información simplemente comiendo en los establecimientos de la competencia, preguntando a otros clientes qué opinan, etc. Sin embargo, puede tratarse de una empresa con mucho menos acceso a su competencia, como una industria química. En ese caso, consultarías a un experto en negocios y a un contable para revisar cómo se presenta la empresa al público y cualquier dato financiero que puedas encontrar sobre ella.

4. Reconoce los beneficios y los riesgos:

Asumir riesgos medidos para hacer avanzar tu empresa es la clave del éxito. Una excelente pregunta es: "¿Cuál es el inconveniente?". Si puedes responder a esta pregunta, conoces la peor situación posible. Gracias a esta comprensión, puedes asumir riesgos calculados que den lugar a enormes beneficios.

Para tomar decisiones acertadas a la hora de poner en marcha un negocio es necesario comprender los riesgos y las recompensas.

5. Sé innovador:

Busca siempre métodos para mejorar tu empresa y diferenciarla. Reconoce tus puntos débiles y mantente abierto a nuevas perspectivas y estrategias empresariales alternativas.

Numerosos canales pueden proporcionar ingresos adicionales. Amazon es un buen ejemplo. La empresa comenzó como una librería y se convirtió en un importante actor del comercio electrónico. Pocos preveían que la sección de servicios web de Amazon sería una fuente importante de ingresos. Cuando Jeff Bezos decidió dimitir como CEO, el responsable de Amazon Web Services fue nombrado nuevo CEO porque la división funcionaba muy bien.

6. Mantén la concentración:

El dicho "Roma no se construyó en un día" es aplicable en esta situación. El simple hecho de abrir un negocio no garantiza que vayas a ganar dinero inmediatamente. Mantén tu atención en la consecución de tus objetivos inmediatos, ya que a las personas les lleva tiempo saber quién eres.

Muchos propietarios de pequeñas empresas utilizan sus beneficios para amortizar gastos de inversión durante varios años antes incluso de obtener beneficios. Cuando se es rentable y se gana más dinero del que se necesita para pagar la deuda y los salarios, se está "en números negros".

Sin embargo, supongamos que una empresa sigue sin obtener beneficios después de un tiempo considerable. En ese caso, puede ser valioso investigar posibles problemas con el producto o servicio, si el mercado sigue existiendo y otros problemas que podrían obstaculizar o incluso detener la expansión de una empresa.

7. Debes estar dispuesto a hacer sacrificios:

Aunque montar un negocio requiere mucho trabajo, éste no termina cuando se abren las puertas. Para tener éxito, siempre hay que dedicar más tiempo que cuando se trabajaba por cuenta ajena, lo que puede suponer sacrificar tiempo de calidad con los seres queridos.

Para las personas dedicadas a que su empresa tenga éxito, el proverbio "No hay fines de semana ni vacaciones para los empresarios" puede ser exacto. No hay nada malo en trabajar a jornada completa, y muchos empresarios sobrestiman el verdadero coste de los sacrificios necesarios para lanzar y dirigir una empresa de éxito.

8. Presta un servicio excelente:

Muchas empresas pasan por alto la necesidad de ofrecer un excelente servicio de atención al cliente. Si ofreces a tus clientes un mejor servicio, será más probable que te elijan a ti en lugar de a la competencia la próxima vez que necesiten algo.

La calidad de los servicios de una empresa suele marcar la diferencia entre las empresas que triunfan y las que fracasan en el competitivo mercado empresarial actual. El dicho "vender menos y ofrecer más" se aplica en esta situación, y los empresarios astutos harían bien en tenerlo en cuenta.

9. Sé fiable:

Ser constante es esencial para el éxito empresarial. Debes dar con constancia los pasos necesarios para alcanzar el éxito. Se formarán hábitos lucrativos a largo plazo; como resultado, te ayudarán a ganar dinero.

4

Inversión inmobiliaria

Los bienes inmuebles pueden utilizarse de diversas formas para generar ingresos pasivos. Incluyen diversas estrategias para ganar dinero con inversiones inmobiliarias, desde inversiones de bajo coste y completamente pasivas hasta otras que requieren más trabajo. Hay opciones para todos los presupuestos y niveles de compromiso de tiempo con la variedad de flujos de ingresos pasivos disponibles en el sector inmobiliario.

Cualquier ingreso derivado del arrendamiento de propiedades y otras inversiones inmobiliarias se considera ingreso pasivo de bienes raíces. Los ingresos pasivos del sector inmobiliario suelen requerir una inversión inicial que produce ingresos continuos. Mientras que algunas formas de inversión inmobiliaria pasiva requieren una gestión más activa, otras no requieren intervención alguna.

Analizaremos qué significa generar ingresos pasivos de las inversiones inmobiliarias y destacaremos cómo puedes beneficiarte de los bienes inmuebles.

Cómo los bienes inmuebles pueden generar ingresos pasivos

Éstas son sólo algunas de las numerosas oportunidades de ingresos pasivos relacionadas con el sector inmobiliario:

1. Fondos de inversión inmobiliaria (REIT) que cotizan en bolsa:

La forma más sencilla y asequible de invertir en bienes inmuebles para generar ingresos pasivos es a través de los fondos de inversión inmobiliaria (REIT) que cotizan públicamente en los mercados de valores. Para mantener su situación fiscal privilegiada ante el IRS, los REIT deben pagar dividendos a los accionistas equivalentes al 90% de sus ingresos netos imponibles. Son, por tanto, una fantástica fuente de ingresos.

Dado que la mayoría de las acciones de los REIT se negocian a menos de 100 dólares cada una, los REIT son también una inversión de bajo coste. Dado que sólo tienes que investigar y supervisar la inversión, son inversiones pasivas. Dado que las acciones de los REIT públicos pueden comprarse y venderse a través de una cuenta de corretaje todos los días de apertura del mercado bursátil, también son inversiones muy líquidas.

Hay más de 200 REIT que cotizan en bolsa. Muchos se concentran en determinados tipos de propiedad, como propiedades industriales, comerciales, minoristas o residenciales, o se concentran en mercados concretos, como el Cinturón del Sol o la Costa Oeste. Esto ofrece a los inversores un amplio abanico de posibilidades para invertir en ingresos pasivos.

2. Mercado de REITs-Fondos cotizados (ETF):

Los ETF de REIT son una excelente opción para que los nuevos inversores empiecen a obtener ingresos pasivos del sector inmobiliario. Dado que poseen una variedad de REITs, hay menos posibilidades de que pierdan dinero si una de sus participaciones reduce sus dividendos debido al deterioro de las condiciones del mercado.

Los ETF de REIT son comparativamente baratos, ya que sólo hay que comprar una acción. Tienen extremada liquidez, ya que cotizan en bolsa. Uno de los métodos pasivos de inversión inmobiliaria más eficaces son los ETF. Exponen al titular a la volatilidad del mercado de valores, al igual que los REIT públicos. Los ETF también cobran a los inversores una comisión, conocida como ratio de gastos del ETF.

3. Fondos de inversión en REIT:

Los fondos de inversión en REIT son similares a los ETF de REIT. Contienen una variedad de REITs, dando a los inversores acceso a una amplia gama de la industria. El fondo de inversión está gestionado activamente por una dirección que trata de comprar acciones de REIT que predice que superarán los resultados de un índice de referencia.

Debido a esta gestión activa, los fondos de inversión en REIT suelen tener un coeficiente de gastos más elevado que los ETF de REIT. Además, su compromiso mínimo suele ser mayor, de unos 2.000 dólares. Por lo general, es necesario un agente de bolsa para comprar fondos de inversión en REIT en tu nombre.

4. REIT no cotizados:

Los REIT no cotizados no cotizan en bolsa. En su lugar, los inversores compran acciones a través de un asesor financiero o de un sitio web directo al consumidor como Fundrise o Realty Mogul. Históricamente, las inversiones inmobiliarias privadas han sido menos volátiles y han tenido un mayor rendimiento que los REIT cotizados en bolsa.

El compromiso mínimo para muchos REIT privados es mayor ($2.500 o más) y también exigen que los inversores trabajen con un asesor financiero. Los REIT no cotizados son comparativamente difíciles de comprar o vender, lo que los convierte en inversiones sin liquidez. Muchos patrocinadores de REIT no cotizados limitan los reembolsos que llevan a cabo y sólo reembolsan acciones una vez cada trimestre.

4. Sindicaciones de la propiedad:

Las inversiones inmobiliarias comerciales pueden realizarse de forma pasiva, gracias a las sindicaciones inmobiliarias. Permiten a un inversor participar como socio comanditario en un único activo inmobiliario (por ejemplo, un edificio multifamiliar, un complejo de oficinas o una instalación de autoalmacenamiento) o en un fondo de capital privado inmobiliario gestionado por patrocinadores inmobiliarios.

Los ingresos pasivos que produce el activo o el fondo se reparten entre los socios. Las inversiones inmobiliarias privadas son menos volátiles y suelen tener un mayor rendimiento que los REIT que cotizan en bolsa. Los inversores pueden participar en sindicaciones y fondos inmobiliarios individuales a través de portales de Internet como CrowdStreet y

EquityMultiple o directamente con patrocinadores de operaciones inmobiliarias.

Pero sólo los inversores acreditados pueden participar en sindicatos inmobiliarios. Un inversor acreditado debe tener al menos 200.000 dólares de ingresos anuales (300.000 si está casado) o un patrimonio neto de un millón de dólares aparte de su residencia principal.

También suelen necesitar un compromiso mínimo de más de 10.000 dólares. Los acuerdos de sindicación también son inversiones ilíquidas porque suelen requerir periodos de tenencia de cinco a diez años.

6. Inversiones respaldadas por bienes inmuebles y en forma de deuda:

Las inversiones en forma de deuda también pueden ser una fuente de ingresos pasivos procedentes del sector inmobiliario. Tú concedes un préstamo para pagar la compra, remodelación, o nueva construcción de una propiedad. Existen varias opciones, como la compra de cédulas hipotecarias, la concesión de préstamos de capital para la transformación de una vivienda o un proyecto de desarrollo, y la participación en operaciones de sindicación de activos individuales mediante financiación intermedia o capital preferente.

La deuda garantizada por bienes inmuebles suele ser una inversión de menor riesgo. Sin embargo, al tratarse de una inversión de renta fija, no hay posibilidad de crecimiento del capital.

7. House Hacking:

Una forma de ganar dinero con tu casa actual es el house hacking. El house hacking puede adoptar muchas formas, como comprar un dúplex o un cuádruplex y alquilar las otras unidades mientras se vive en una de ellas, alquilar una habitación de la casa a un familiar o a un estudiante universitario, o convertir un sótano o un garaje en una pequeña unidad de alquiler. El dinero del alquiler de una casa pirateada puede ayudarte a sufragar todos o algunos de tus gastos de manutención.

Sin embargo, no es un ingreso totalmente pasivo. Por ejemplo, podrías tener que restaurar cualquier cosa que un inquilino haya dañado, lo que puede suponer una invasión de la intimidad. El house hacking tiene repercusiones fiscales adicionales y puede requerir una inversión inicial considerable para comprar la propiedad de alquiler o crear un lugar para los inquilinos.

8. Alojamientos de alquiler a corto plazo:

Muchas personas recurren al alquiler vacacional a corto plazo como fuente de ingresos inmobiliarios pasivos. Se compra una casa o apartamento en un destino de vacaciones y se alquila a viajeros de ocio. Los inquilinos se pueden encontrar y anunciar fácilmente en sitios web como Airbnb (ABNB 5,26%). Los alquileres a corto plazo pueden ser una valiosa fuente de ingresos porque suelen tener tarifas más altas que los alquileres a largo plazo. También puedes utilizar tu casa de vacaciones cuando está vacía, lo que es una ventaja.

Sin embargo, los alquileres a corto plazo no son del todo pasivos, ya que la gestión de la propiedad requiere mucho trabajo. En lugar de ser una inversión inmobiliaria, un alquiler vacacional es más parecido a un negocio de hostelería.

Puedes contratar a un gestor de la propiedad para convertirla en una inversión pasiva, pero sus honorarios representan una parte considerable de los ingresos por alquiler.

El coste inicial de las unidades de alquiler a corto plazo es significativo. Normalmente, se requiere un pago inicial del 20%, gastos de cierre y una reserva de dinero para desocupaciones y mantenimiento. Las altas tasas de desocupación son otro problema de los alquileres vacacionales, sobre todo fuera de temporada alta y durante una recesión, lo que hace que los ingresos pasivos sean bastante erráticos.

9. Alquileres residenciales:

Otra estrategia para obtener ingresos inmobiliarios pasivos consiste en poseer propiedades en alquiler. Muchas personas alquilan casas unifamiliares o apartamentos a inquilinos a largo plazo (12 meses o más) para ganarse la vida de forma constante con los alquileres.

Sin embargo, las propiedades en alquiler no son activos completamente pasivos. Si no contratas a un administrador de fincas, puedes recibir una llamada a las dos de la mañana para arreglar un inodoro roto. Además, los ingresos pueden variar de un mes a otro en función de los gastos, y si hay muchos gastos imprevistos, es posible que no puedas crear ningún ingreso pasivo. Por último, al igual que los alquileres vacacionales de corta duración, las propiedades en alquiler suelen exigir una inversión inicial considerable.

10. Arrendamientos de terrenos:

Con el arrendamiento de terrenos, puedes ganar dinero sin tener que ser propietario de una estructura. El terreno bajo un edificio que tú alquilas al propietario del edificio es de tu propiedad. Un arrendamiento de terrenos suele conllevar relativamente poco riesgo y produce unos ingresos por arrendamiento pasivo predecibles. Los arrendamientos de terrenos ofrecen menos potencial de ingresos a cambio de un entorno de menor riesgo. Además, conllevan un fuerte gasto inicial por la compra del terreno.

¿Qué tipos de bienes inmuebles existen?

Debido a la abundancia de alternativas, la inversión inmobiliaria puede resultar a veces desalentadora. Si te estás iniciando en el sector, resulta beneficioso comprender las cuatro formas principales de bienes inmuebles y cómo funcionan. A continuación, podrás determinar la clase de activos inmobiliarios óptima para tu estrategia de inversión:

- **Bienes inmuebles residenciales** - Las propiedades utilizadas con fines residenciales se consideran bienes inmuebles residenciales. Las viviendas unifamiliares, los condominios, las cooperativas, los dúplex, las casas adosadas y los edificios multifamiliares son algunos ejemplos.

- **Bienes inmuebles comerciales** - Esto incluye cualquier propiedad utilizada únicamente para actividades comerciales, incluidos centros comerciales, restaurantes, hoteles, gasolineras, tiendas de comestibles, teatros, hospitales y edificios de oficinas.

- **Bienes inmuebles industriales** - Cualquier propiedad utilizada para la producción, distribución, almacenamiento, fabricación e I+D se considera propiedad inmobiliaria industrial.

- **Terreno** - Esta categoría incluye bienes inmuebles no urbanizados, espacios abiertos y terrenos agrícolas como granjas, huertos, ranchos y zonas boscosas.
- **Propósito especial** - Bienes inmuebles utilizados por el público en general, como cementerios, estructuras gubernamentales, bibliotecas, parques y escuelas.

Estrategias de inversión inmobiliaria

Invertir en bienes inmuebles puede ser una forma eficaz de acumular dinero con el tiempo, pero contar con un plan sólido es crucial para reducir los riesgos y optimizar las recompensas. He aquí algunas estrategias de inversión inmobiliaria que pueden resultar eficaces.

1. Compra y alquiler:

La inversión inmobiliaria es una estrategia de inversión habitual que consiste en alquilar una casa a inquilinos.

Para alquilar propiedades, muchos inversores inmobiliarios prefieren comprar casas unifamiliares, condominios o casas adosadas. Para asegurarte de que puedes obtener beneficios a través de los ingresos por alquiler, estudia las mejores zonas con gran demanda antes de comprar.

2. Compra y retención:

En función de sus objetivos y estrategia de inversión, los inversores que utilizan la estrategia de comprar y mantener adquieren bienes inmuebles y los conservan durante un periodo corto o largo.

Para obtener ingresos por alquiler y quizás experimentar una revalorización del capital, un inversor suele comprar una propiedad infravalorada, hacer las reparaciones necesarias y alquilarla. Para evitar pagar impuestos en forma de plusvalías, puede utilizar la regla de intercambio 1031 para reinvertir en otra propiedad si desea venderla en lugar de recibir dinero en efectivo.

3. Arreglo y venta:

Un método de inversión conocido como "arreglar y vender" consiste en comprar una propiedad en dificultades o infravalorada, rehabilitarla o repararla y revenderla para obtener un beneficio. En general, se considera una estrategia de inversión de alto riesgo.

4. BRRRR:

La estrategia de inversión inmobiliaria conocida como BRRRR, o comprar (Buy), rehabilitar (Rehab), alquilar (Rent), refinanciar (Refinance), repetir (Repeat), consiste en comprar una propiedad embargada, rehabilitarla, alquilarla, refinanciarla para obtener capital y, a continuación, utilizar ese capital para comprar otras propiedades. El inversor suele retirar los fondos una vez que la propiedad puede producir un flujo de caja constante.

5. Fondos de inversión inmobiliaria (REIT):

Las sociedades denominadas Real Estate Investment Trusts (REIT) suelen invertir en bienes inmuebles que producen ingresos, como complejos de apartamentos o centros comerciales. El alquiler de estos inmuebles suele generar ingresos cada mes, y los REIT devuelven el 90% de ese dinero a los accionistas en forma de dividendos.

Este tipo de estrategia de inversión inmobiliaria permite a los inversores ordinarios invertir en una cartera de activos inmobiliarios gestionados por expertos. Son una solución fantástica para los inversores que prefieren invertir en bienes inmuebles pero no desean ser propietarios de activos.

6. Grupos de inversión inmobiliaria (REIG):

Los Grupos de Inversión Inmobiliaria (REIG) son una forma de estrategia de inversión inmobiliaria que combina fondos de muchos inversores para comprar y gestionar propiedades de forma colectiva.

7. Crowdfunding:

Una estrategia de inversión inmobiliaria conocida como crowdfunding consiste en recaudar fondos de numerosas personas para pagar la adquisición, remodelación o desarrollo de una propiedad.

Un inversor necesita una plataforma de inversión inmobiliaria para conectar con otros inversores y promotores. Los inversores pueden utilizar la plataforma para determinar qué proyectos de inversión se ajustan mejor a sus necesidades.

8. Venta al por mayor:

Encontrar y comprar una propiedad con descuento, y luego traspasar o vender el contrato a otro comprador o inversor para obtener un beneficio sin tomar posesión de la propiedad, es el método de inversión inmobiliaria conocido como venta al por mayor.

El precio que tú sugieres a un posible comprador o inversor se compone del precio del inmueble más tu prima, es decir, tus honorarios como intermediario.

9. House Hacking:

El house hacking consiste en comprar una casa, vivir sólo en una parte y alquilar el resto para ganar dinero. Este puede ser un excelente enfoque para invertir en riquezas inmobiliarias con pocos gastos de bolsillo.

10. Préstamos privados:

Una estrategia de inversión inmobiliaria conocida como préstamo privado consiste en que los inversores presten dinero a propietarios o promotores inmobiliarios que no pueden obtener financiación convencional de bancos u otras instituciones financieras.

Pedido de ayuda

Hola, futuro generador de ingresos pasivos,

Estoy encantado de que hayas decidido iniciar este fascinante viaje hacia la generación de ingresos pasivos. Estás a punto de descubrir muchas estrategias y conocimientos que podrían transformar tu futuro financiero.

Pero primero, permíteme tomarme un momento para agradecerte tu compromiso con la creación de una vida de libertad y prosperidad antes de adentrarnos en las estrategias y tácticas. Aprecio sinceramente tu presencia porque escapar de la mentalidad convencional de "trabajar por dinero" es difícil.

Esta pequeña petición podría tener un impacto significativo en ti, en mí y en muchos otros lectores. Al seguir leyendo este libro, ¿estarías dispuesto a compartir tus opiniones y experiencias al respecto?

Es tan fácil como escribir una reseña, un gesto que sólo lleva unos segundos pero que tiene un gran impacto.

Apoyas a una comunidad de soñadores y buscadores de información dando una opinión honesta. Otras personas que acaban de iniciar su camino hacia los ingresos pasivos pueden utilizar tu evaluación como hoja de ruta. Piensa en el efecto que tus comentarios pueden tener en alguien inseguro, dudoso o cínico sobre la viabilidad de la generación de ingresos pasivos.

Comparte con ellos los momentos "aha" que has experimentado, las estrategias útiles que han resonado en tu interior y cómo este libro ha cambiado tu punto de vista. Puede que tus consejos motiven a otros a dar ese importante paso hacia la libertad financiera.

Agradezco sinceramente tu participación en esta increíble comunidad y tu disposición a compartir tus pensamientos. Sigamos animándonos y apoyándonos unos a otros a medida que nos damos cuenta de las enormes posibilidades de los ingresos pasivos.

Espero que tu viaje hacia la libertad financiera esté lleno de éxito.

5

Invertir en bolsa

Una forma de comprar acciones de una empresa que cotiza en bolsa es invertir en valores que pagan dividendos. Muchas acciones reparten dividendos en efectivo a los accionistas para distribuir una parte de sus beneficios. Los pagos de dividendos trimestrales son la norma. Tienes la opción de aceptar el pago del dividendo en efectivo o reinvertirlo en más acciones. Una de las mejores estrategias para generar ingresos pasivos para los inversores a largo plazo es construir una cartera de valores o fondos que paguen dividendos.

Una estrategia de ingresos pasivos con potencial de flujo de caja y crecimiento del capital es invertir en acciones que pagan dividendos.

Por qué la Bolsa es la fuente de ingresos pasivos más fiable

Son muchas las opciones a las que pueden acceder quienes tratan de aumentar su dinero, lo que hace que el mundo de la inversión resulte bastante abrumador. Sin embargo, quienes buscan crear un flujo de ingresos pasivos prefieren la bolsa. Muchos inversores piensan que es una opción de inversión que merece la pena a pesar de los riesgos inherentes, debido a los posibles beneficios. Aquí veremos 10 argumentos convincentes de por qué muchos creen que la bolsa es la mejor fuente de ingresos pasivos actualmente accesible.

1. Rendimientos potenciales elevados:

El mercado bursátil permite a los inversores obtener rendimientos significativos inigualables por otras fuentes de ingresos pasivos, aunque las ganancias no estén garantizadas. Uno de los principales factores que influyen en que tanta gente acuda a la Bolsa en busca de perspectivas de inversión a largo plazo es la posibilidad de obtener ganancias sustanciales. Aunque no hay forma de predecir el futuro, la evidencia histórica demuestra que una cartera de acciones bien diversificada puede proporcionar un rendimiento respetable de la inversión a lo largo del tiempo. Esto puede resultar atractivo para quienes aspiran a aumentar su patrimonio para financiar la jubilación u otros objetivos financieros a largo plazo. Pero los inversores siempre deben investigar a fondo y hablar con asesores financieros antes de tomar decisiones de inversión, porque las mayores recompensas suelen conllevar mayores riesgos.

2. Diversificación:

Un componente clave de la inversión bursátil es la diversificación, que puede reducir el riesgo para los inversores. Los inversores se exponen a los riesgos ligados a ese negocio específico cuando invierten todo su capital en una sola acción. Sin embargo, pueden reducir su exposición global al riesgo distribuyendo sus inversiones entre varias acciones.

Esto se debe a que las distintas acciones se comportan de forma diferente según el entorno del mercado. Cuando una industria o sector atraviesa dificultades, otros pueden estar en expansión. De este modo, la cartera se equilibra.

Además, la diversificación permite a los inversores beneficiarse de los mercados o sectores en desarrollo. Los inversores que invierten en empresas emergentes pueden salir ganando al ser los primeros en adoptar tecnologías punteras o sectores que se espera que experimenten una rápida expansión. Esto es crucial, porque centrarse sólo en empresas bien establecidas puede limitar la capacidad de expansión del inversor.

3. Liquidez:

Debido al alto nivel de liquidez del mercado bursátil, los inversores pueden comprar y vender acciones fácilmente siempre que lo necesiten. Como resultado, es un método de inversión fácil y adaptable, que permite a los inversores reaccionar rápidamente a los cambios del mercado.

El mercado bursátil también funciona a escala mundial, dando a los inversores acceso a diversas empresas de todo el planeta. Los inversores pueden diversificar sus carteras de inversión explotando los mercados emergentes y otras economías. La bolsa es una opción de inversión flexible y atractiva para obtener ingresos pasivos debido a su liquidez y presencia mundial.

4. Fácil acceso:

En el pasado, las personas adineradas y los inversores institucionales eran los participantes dominantes en el mercado de valores. Sin embargo, ahora es más fácil que nunca para el ciudadano de a pie negociar con acciones gracias al crecimiento de las plataformas de negociación en línea.

Gracias a sus tarifas baratas y a sus interfaces fáciles de usar, las plataformas de negociación en línea han aumentado la accesibilidad del ciudadano de a pie al mercado de valores. Gracias a la democratización de la inversión, cualquier persona con acceso a Internet y algo de dinero extra puede negociar con acciones. Como resultado, la gente tiene ahora más control sobre su dinero y puede llegar a ser financieramente independiente gracias a los ingresos pasivos de las inversiones bursátiles.

5. Barreras de entrada bajas:

Los escasos obstáculos de entrada son otra de las ventajas de invertir en bolsa. Mientras que muchas acciones pueden comprarse a bajo precio, muchas inversiones requieren un gran capital para empezar, lo que las hace inaccesibles para inversores con diversos presupuestos.

Además, algunos corredores de bolsa en línea ofrecen incluso operaciones sin comisiones, lo que hace más asequible la compra y venta de acciones por parte de los inversores. Esto contribuye a reducir las barreras de entrada y aumenta la accesibilidad a la inversión bursátil para quienes disponen de medios limitados.

6. Ingresos pasivos:

Comprar activos que pagan dividendos puede ser una forma de generar ingresos pasivos. Los inversores pueden establecer un flujo de ingresos constante sin tener que gestionar activamente tus inversiones mediante la tenencia de acciones que ofrezcan dividendos mensuales.

Las acciones que generan dividendos pueden ofrecer a los inversores un flujo constante de ingresos pasivos. Gracias a los dividendos constantes, los inversores pueden beneficiarse de una fuente de flujo de ingresos regular sin tener que adquirir y vender acciones con frecuencia. Este podría ser un enfoque práctico para aumentar los ingresos sin añadir más trabajo o riesgo.

7. Crecimiento prolongado:

Para invertir en bolsa es necesaria una estrategia a largo plazo, ya que las inversiones pueden tardar en desarrollar todo su potencial. Pero uno de los principales beneficios de la inversión en bolsa es la posibilidad de crecimiento a largo plazo. El mercado bursátil es deseable para cualquier persona que acumule dinero a largo plazo, ya que ha superado regularmente a otras alternativas de inversión.

8. Cobertura de la inflación:

Invertir en bolsa puede ser una buena estrategia para protegerse de la inflación, ya que ésta reduce gradualmente el poder adquisitivo del efectivo. Esto se debe a que las empresas pueden subir los precios de sus bienes y servicios para seguir el ritmo de la inflación. Si lo hacen, aumentarán las ventas y los beneficios y, en última instancia, mejorará el valor de las acciones. Por consiguiente, a pesar de los efectos de la inflación, la inversión en acciones puede ayudar a los inversores a mantener su nivel de vida e incluso a aumentar su patrimonio con el tiempo.

9. Ventajas fiscales:

Además, la inversión en bolsa puede tener ventajas fiscales. Por ejemplo, las tasas impositivas sobre las plusvalías, a menudo inferiores a las del impuesto sobre la renta, pueden beneficiar a los inversores. Además, pueden aplicarse tasas impositivas más bajas a los dividendos de las acciones elegibles.

Además, algunos planes de jubilación, como los 401(k) y las cuentas individuales de jubilación (IRA), permiten a los inversores beneficiarse de ventajas fiscales al comprar acciones. Por ejemplo, mientras que las ganancias en las cuentas IRA Roth están exentas de impuestos, las donaciones a las cuentas IRA estándar suelen ser deducibles de impuestos. Esto hace que el comercio bursátil sea una sabia decisión para las personas que desean aumentar sus ahorros para la jubilación al tiempo que reducen sus obligaciones fiscales.

10. Liderazgo profesional:

Por último, las inversiones en bolsa permiten a los inversores acceder a los conocimientos de gestores de fondos experimentados. Invirtiendo en fondos de inversión o en fondos cotizados (ETF), los inversores pueden exponerse a diversos valores de renta variable y beneficiarse de los conocimientos y la experiencia de gestores cualificados.

Obtener ingresos pasivos en bolsa

¿Cómo puedo generar ingresos pasivos a partir de x, y o z? es una pregunta habitual. La realidad es que muchas de las estrategias que se discuten en Internet no son en absoluto pasivas. La estrategia deja de ser pasiva si es necesario reequilibrar la cartera diaria o semanalmente.

Aquí te explicaré cómo generar ingresos pasivos legítimos en el mercado de valores. Se tratarán la inversión en valor, la venta de opciones y la inversión en dividendos.

Invertir en valor

Un inversor en valor adquiere y mantiene valores sobre los que es optimista. Por ejemplo, hace poco compré Intel (INTC) porque confío en su capacidad para convertirse en un actor importante en la industria de los semiconductores. Creo que los "retrasos en los chips" son una pequeña causa de que sus acciones ya se hayan desplomado de la noche a la mañana.

Siempre que el activo subyacente sea una elección acertada, tu capital seguirá creciendo cuando utilices la inversión en valor. Podrías beneficiarte vendiendo tus ganancias anuales y manteniendo los beneficios como ingresos.

De este modo, tu capital seguirá siendo siempre el mismo, pero ganarás dinero con las acciones y las plusvalías.

Vender opciones

Está demostrado que la venta de opciones es una gran estrategia para obtener ingresos pasivos. La venta de opciones de compra anuales o semestrales sobre acciones de tu propiedad puede mejorar el flujo de caja con poco esfuerzo para las personas con poco tiempo.

Mis acciones de Cloudflare (NET) son un ejemplo de esta estrategia. Hace poco compré 100 acciones de NET y gané 100 dólares vendiendo una opción de compra cubierta a falta de un mes.

No hay riesgo de pérdidas si vendes estas opciones por un precio superior a su coste de adquisición. De este modo, aunque tengas que vender tus acciones, seguirás beneficiándote de la prima y de la revalorización de la acción.

Invertir en dividendos

Dado que nunca tienes que volver a comprar o vender, la inversión en dividendos es el método más utilizado para crear ingresos pasivos en el mercado de valores.

Puedes invertir en conocidas empresas de dividendos (como JNJ, T, etc.) y mantenerlas durante el resto de tu vida si se activa el DRIP (reinversión de dividendos). Tus dividendos se capitalizarán con el tiempo, lo que dará lugar a un crecimiento exponencial, o "capitalización de dividendos".

Si eres joven y tienes mucho tiempo antes de jubilarte, puedes utilizar esta estrategia en tu beneficio dejando que tus dividendos se acumulen y hagan crecer tu patrimonio. En el próximo capítulo trataremos más sobre este tema.

6

Invertir en dividendos

Cuando se les pide que enumeren sus objetivos de inversión, la mayoría de los inversores dan prioridad a la revalorización de las acciones. Los inversores en dividendos, en cambio, anteponen la rentabilidad por dividendo de las acciones de una empresa a todo lo demás, incluso al crecimiento del precio.

Un plan de inversión en dividendos puede ser ventajoso para inversores jóvenes y mayores que quieran utilizar los dividendos como fuente pasiva de ingresos en la jubilación. Empezar pronto puede ser ventajoso porque la rentabilidad por dividendo de las empresas suele aumentar con el tiempo.

¿Qué es la inversión en dividendos?

Se conoce como inversión en dividendos la compra de acciones para obtener ingresos regulares en forma de dividendos y el potencial de revalorización de las acciones. Muchas empresas distribuyen una parte de sus beneficios en forma de dividendos a sus accionistas como agradecimiento por conservar sus acciones. Esto anima a los accionistas a conservar las acciones y transmite la confianza de la empresa.

Para generar un flujo considerable de ingresos pasivos, los inversores en dividendos suelen invertir únicamente en empresas que pagan dividendos. Un accionista puede beneficiarse de los ingresos por dividendos y del crecimiento del precio de las acciones con la inversión en dividendos.

El consejo de administración debe autorizar un dividendo antes de que pueda pagarse, lo que suele ocurrir cada trimestre. Los inversores tienen en cuenta la rentabilidad por dividendo de una empresa para determinar si su pago es atractivo. La rentabilidad por dividendo se calcula tomando el dividendo anual por acción de una empresa y multiplicándolo por el precio de la acción en ese momento.

Cómo funcionan las acciones con dividendos

Al igual que con otras categorías de acciones, puedes invertir en acciones de dividendos. Puedes comprar acciones de una empresa a través de tu cuenta de corretaje u otras cuentas de inversión, como tu 401(k) o IRA.

El consejo de administración de una empresa toma las decisiones relativas al pago de dividendos. El consejo debe dar su consentimiento para declarar un dividendo y determinar la cantidad a pagar. Los pagos en efectivo, las acciones o los planes de reinversión son ejemplos de dividendos.

La fecha de pago y la fecha ex-dividendo son fechas cruciales que hay que tener en cuenta. La fecha de registro -el día en que se elabora una lista de accionistas con derecho a recibir dividendos- suele ser un día después de la fecha ex-dividendo, que es la fecha límite para recibir el dividendo anunciado. Debes figurar como accionista en los libros de la empresa antes de la fecha ex-dividendo para cobrar el dividendo. Si esperas a comprar, tendrás que esperar hasta el siguiente pago, que puede no llegar hasta el mes, trimestre o año siguiente.

La forma en que la empresa haya establecido su programa de dividendos determinará cuánto recibirás en dividendos. Se te podría dar dinero en efectivo, que normalmente va a parar a tu cuenta de inversión. La forma más común de dividendo puede retirarse o destinarse a ampliar tu cartera.

Además, es posible recibir dividendos en acciones. Recibirás más acciones de las que posees en lugar de dinero en efectivo. Algunas empresas tienen programas de reinversión de dividendos, o DRIPs, que te permiten reinvertir los dividendos que recibes en la empresa. Los dividendos especiales son una bonificación única que algunas empresas ofrecen además de los pagos normales.

La retribución se basa en varias variables. Los dividendos en acciones se pagan por acción, de modo que cuantas más compres, más dividendos recibirás. Los porcentajes de pago varían según la empresa, y algunas son más generosas que otras. Además, las empresas pueden hacer pagos a un ritmo menor, por ejemplo, cada trimestre en lugar de anualmente.

¿Cómo se gravan las acciones con dividendos?

Las acciones con dividendos están sujetas a impuestos, pero la cuantía de los impuestos que debes pagar varía en función del tiempo que las hayas poseído y del tipo de cuenta en que se encuentren.

El tipo impositivo de los dividendos es igual al de las plusvalías a largo plazo. El dividendo está sujeto a tributación si has sido propietario de las acciones durante al menos 60 días antes de la fecha ex-dividendo. El impuesto sobre las plusvalías a largo plazo oscila entre el 0% y el 15%-20%, en función de tus ingresos.

Si recibes dividendos no cualificados, tributarás al mismo tipo que las plusvalías a largo plazo. Dependiendo de tus ingresos, este tipo puede oscilar entre el 10% y el 37%.

¿Quién no consideraría atractiva la idea de los ingresos pasivos? Después de todo, ¿quién no querría hacer nada más que sentarse y ver cómo su dinero extra aumenta lentamente de valor? Pero es más fácil decirlo que hacerlo para obtener ingresos pasivos. Sólo se originan a partir de oportunidades fiables que tienen el potencial de generar grandes ganancias. Cuando posees acciones de una empresa, los dividendos son un pago periódico de tu parte de los beneficios de la empresa, y este tipo de inversión puede satisfacer estos criterios. Quizá desees consultar a un experto financiero para evaluar cómo encajan los dividendos en tu estrategia de inversión.

Cómo encontrar los mejores valores con dividendos

Los pagos de dividendos trimestrales, mensuales o anuales son una gran fuente de ingresos pasivos. Es esencial encontrar empresas con un historial de rentabilidad y pagos constantes.

Utiliza los siguientes consejos para encontrar los mejores valores con dividendos:

Invierte en empresas con un historial de fiabilidad

Una empresa no es necesariamente la mejor inversión porque tenga una valoración de mil millones de dólares. Además, la empresa debe distribuir dividendos a sus accionistas. Por lo tanto, es prudente verificar los registros estadounidenses de pagos de dividendos efectuados en el pasado, según lo divulgado por la Securities and Exchange Commission (SEC). Una empresa que ha pagado a sus accionistas durante varios años normalmente seguirá haciéndolo. Por otro lado, una empresa con importantes beneficios pero sin historial de pago de dividendos podría ser una compra arriesgada si deseas aumentar tus ingresos pasivos.

El equilibrio es otra consideración importante. Aunque puede sonar muy bien que una empresa distribuya hasta el último céntimo de sus ingresos a los accionistas, un ratio de reparto del 100% no es un modelo de negocio viable. Una empresa que distribuye sistemáticamente no más del 60% de sus ingresos por dividendos es una buena inversión. De este modo, la empresa podrá crecer y mantenerse, generando mayores beneficios en los años venideros.

Eficiencia y flujo de caja estable

Las empresas muy rentables tienen más probabilidades de repartir dividendos. En cambio, una empresa que registra pérdidas interanuales es probable que vea descender el precio de sus acciones y reducir sus actividades comerciales.

El flujo de caja es, por tanto, esencial. Una empresa próspera tendrá probablemente un mejor flujo de caja, lo que aumenta la probabilidad de obtener dividendos. Analizando los informes financieros, determina si entran y salen constantemente sumas considerables de dinero de las cuentas de una empresa. No se trata necesariamente de buscar la empresa con el producto más llamativo o una oferta pública inicial (OPI) que llame la atención, sino empresas con montañas de mucho dinero.

No es fácil tener flujo de caja cuando una empresa no gana más dinero del que gasta; por ello, los beneficios son un aspecto importante del panorama. Por lo tanto, puedes determinar la probabilidad de que una empresa pague dividendos en el futuro examinando las estimaciones de ingresos. En general, las empresas que prevén un crecimiento de al menos el 5% en los próximos años pueden pagar dividendos a sus accionistas.

Prevén la deuda

La deuda puede indicar que el dinero no se moverá en dirección a un inversor, al igual que el flujo de caja indica la capacidad de una empresa para pagar dividendos. Una empresa con un ratio deuda/capital igual o superior a 2,00 no sería la inversión ideal, aunque no todas las deudas son catastróficas. Las empresas rentables con una deuda significativa probablemente utilizarán fondos adicionales para pagar préstamos y líneas de crédito. Ocuparte de las obligaciones financieras para un plan de negocio a largo plazo tiene sentido, pero no es beneficioso para los accionistas. En consecuencia, evita endeudarte en exceso y concéntrate en empresas con total discreción sobre cómo gastan su dinero.

Analiza el mercado

Ten en cuenta el contexto económico general, que es un componente de la investigación de una empresa. Las tendencias del mercado y la dinámica de un sector concreto son tan importantes como el flujo de caja de una empresa. Por ejemplo, una empresa que experimente unos cuantos trimestres de éxito en un sector en declive podría no seguir pagando dividendos dentro de unos años.

Por el contrario, la biotecnología ha sido históricamente un negocio rentable y es probable que siga siéndolo, dado el auge de las vacunas y los productos antivirales provocado por COVID-19. Las empresas biotecnológicas tendrán mucho margen de maniobra para aumentar sus beneficios. Las empresas biotecnológicas tendrán mucho margen para ampliar sus operaciones sin experimentar problemas de tesorería porque la necesidad médica y la financiación gubernamental internacional las impulsan.

Cómo crear ingresos pasivos a partir de los dividendos

Puedes construir una cartera de dividendos tras investigar empresas que paguen dividendos. Una vez que realices tus adquisiciones y retén los activos rápidamente, tus tenencias de acciones deberían empezar a producir ingresos pasivos. Sin embargo, ninguna inversión está exenta de riesgos. Sigue estas instrucciones para aumentar tus ingresos pasivos y mitigar tus riesgos.

1. Utiliza los dividendos como inversión:

La reinversión de dividendos es una gran estrategia para aumentar tus ingresos pasivos. Puedes comprar más acciones utilizando el dinero de los dividendos en lugar de quedártelo todo para ti. Puedes ganar más dinero aumentando tu exposición a las empresas que elijas. Reinvertir durante varios años puede aumentar la cantidad de ingresos pasivos que generas. Sin embargo, invertir siempre es arriesgado, por lo que existe el riesgo de que pierdas tu dinero extra.

2. Tienes la ventaja del tiempo:

Aunque tus inversiones parezcan decepcionantes al principio, el precio de las acciones debería subir con el tiempo. Si investigas a fondo e inviertes en empresas con bases sólidas, tendrán éxito y el precio de sus acciones subirá.

Además, con el paso del tiempo, tú ganas porque el precio que pagaste por tus acciones fue un coste fijo en el pasado. En otras palabras, puedes obtener dividendos cuanto más tiempo conserve las acciones. No es necesario que el precio de las acciones de una empresa rentable se dispare para que tú generes ingresos pasivos. Basta con que siga devolviendo beneficios a sus inversores.

3. Desconfía del riesgo:

Aunque los dividendos son una gran fuente de ingresos pasivos, no siempre tienen éxito. Tus participaciones en dividendos podrían perder valor como cualquier otra inversión en acciones, bonos, inmuebles o activos. En concreto, una o varias de las empresas en las que invierta podrían sufrir años de estancamiento o fracaso.

Debido a los riesgos que ello implica, la diversificación es crucial. En esta situación, tiene sentido diversificar en dos niveles diferentes: en primer lugar, tu cartera de inversiones y, en segundo lugar, tus fuentes de ingresos pasivos. El riesgo nunca puede eliminarse, pero puede minimizarse. No pongas todos los huevos en la misma cesta; invierte cuidadosamente en diversos recursos y oportunidades para obtener rendimientos más fiables.

7

Construir una cartera de ingresos pasivos

La idea de una cartera de ingresos pasivos es cada vez más popular en estos días. En pocas palabras, una cartera de ingresos pasivos es un grupo de flujos de ingresos que estableces para ganar dinero sin participar activamente. Dicho de otro modo, es un medio de ganar dinero incluso sin trabajar. Esto se puede lograr de múltiples maneras, incluyendo la inversión en acciones, la producción de bienes digitales, o la acumulación de una cartera de propiedades de alquiler. Construir una cartera de ingresos pasivos puede ser una opción maravillosa si buscas estrategias para aumentar tus ingresos y lograr la independencia financiera.

Pero con tantas opciones disponibles, saber por dónde empezar puede resultar difícil. Por ello, en este capítulo examinaremos las ventajas de crear una cartera de ingresos pasivos y te ofreceremos consejos sobre cómo hacerlo. Al final de este capítulo, tendrás un conocimiento exhaustivo de una cartera de ingresos pasivos, cómo puede ayudarte y las medidas que puedes tomar para crear la tuya propia. Así que, ¡empecemos!

Las ventajas de una cartera de ingresos pasivos

Una cartera de ingresos pasivos puede cambiar las reglas del juego a la hora de crear un negocio de éxito en Internet. Los siguientes son algunos de los principales beneficios de la construcción de una cartera de ingresos pasivos:

Libertad financiera

La posibilidad de conseguir la libertad financiera es una de las principales ventajas de una cartera de ingresos pasivos. Puedes adquirir un nivel de seguridad financiera que te permita vivir la vida a tu manera creando una cartera de flujos de ingresos que te proporcionen ingresos incluso cuando no estés trabajando. El marketing de afiliación, el comercio electrónico y los artículos digitales son modelos de negocio populares en Internet que producen ingresos pasivos.

Control y flexibilidad

Puedes trabajar desde cualquier lugar cuando tienes una cartera de ingresos pasivos. Por ello, puedes crear un horario de trabajo que se adapte a tu estilo de vida y no al revés. Puedes escalar y diversificar tus flujos de ingresos creando una cartera de ingresos pasivos, lo que te da más control sobre tu destino financiero.

Espacio para crecer

La posibilidad de crecimiento a largo plazo es otra ventaja de una cartera de ingresos pasivos. Es posible que encuentres otras fuentes de ingresos y oportunidades de inversión a medida que sigas ampliando tu cartera, lo que podría aumentar aún más tus ganancias. También puedes seguir aumentando tu cartera y crear un futuro financiero más estable reinvirtiendo tus beneficios en nuevos negocios.

Más tiempo y menos estrés

Por último, crear una cartera de ingresos pasivos puede ayudar a mejorar el equilibrio entre la vida laboral y personal. Crear un flujo de ingresos pasivos fiable puede aliviar el estrés y la ansiedad relacionados con el dinero. Esto puede darte más tiempo para dedicarte a aficiones, actividades personales y tiempo de calidad con tus seres queridos.

En conclusión, una cartera de ingresos pasivos puede ofrecer independencia monetaria, adaptabilidad y perspectivas de desarrollo. Además, puede reducir el estrés y dar más tiempo para dedicarse a intereses ajenos al trabajo. Por lo tanto, crear una cartera de ingresos pasivos puede ser la mejor opción si buscas una estrategia para garantizar tu futuro financiero y obtener más flexibilidad y control sobre tu vida.

Cómo crear una cartera de ingresos pasivos

Tras analizar las ventajas de una cartera de ingresos pasivos, veamos cómo crear una. He aquí algunas acciones importantes en las que pensar:

El mejor negocio en línea para elegir

Seleccionar el negocio de Internet ideal es el primer paso para crear una cartera de fuentes de ingresos pasivos. Esto implica elegir un nicho lucrativo e investigar la demanda del mercado y los competidores. El marketing de afiliación, el comercio electrónico y los artículos digitales son métodos muy populares para ganar dinero pasivo en Internet.

Redactar un plan de empresa

Una vez que hayas determinado tu nicho, es fundamental elaborar un plan de negocio que incluya tus objetivos y calendarios. Debes incluir un plan de marketing y ventas que te ayude a alcanzar tus objetivos de ingresos.

Crear varias fuentes de ingresos

Debes crear numerosos flujos de ingresos para crear una cartera de ingresos pasivos sostenible. Esto implica experimentar con diversas estrategias de ingresos y diversificar tus flujos de ingresos pasivos. Los servicios basados en suscripciones, las ventas de productos y los ingresos por publicidad son algunas estructuras de ingresos.

No pierdas de vista tu cartera

Por último, para garantizar el rendimiento continuado de tu cartera, es fundamental gestionarla y supervisarla. Existen varias herramientas y recursos para la gestión de carteras, como programas informáticos de seguimiento financiero y redes empresariales en línea. Además, el seguimiento y la mejora del rendimiento de tu cartera pueden mostrarte dónde hay margen para el desarrollo y la expansión.

En conclusión, crear una cartera de fuentes de ingresos pasivos puede ser bastante rentable. Puedes obtener libertad financiera, flexibilidad y control sobre tu vida eligiendo el negocio de Internet perfecto, desarrollando una estrategia empresarial sólida, creando varias fuentes de ingresos y gestionando y supervisando tu cartera. Así que, ¿por qué no empezar a crear tu cartera de ingresos pasivos ahora mismo?

Errores comunes que hay que evitar

Aunque crear una cartera de ingresos pasivos puede ser una experiencia muy gratificante, es fundamental evitar algunas trampas comunes. He aquí algunas señales de peligro a las que hay que prestar atención:

Falta de persistencia y paciencia

La falta de tenacidad y paciencia es uno de los principales errores que se cometen al construir una cartera de ingresos pasivos. Adoptar una perspectiva a largo plazo y reconocer que el éxito requiere tiempo y trabajo es fundamental.

Centrarte en las ganancias inmediatas

Otro error común es dar prioridad a las recompensas a corto plazo sobre los objetivos a largo plazo. Aunque generar ingresos a corto plazo es fundamental, es igualmente necesario encontrar el equilibrio haciendo hincapié en el crecimiento sostenible a largo plazo. Mantenerse alejado de las estafas de dinero rápido es esencial para crear una cartera de ingresos pasivos constantes.

Gasto excesivo en un sector

Otro error que hay que evitar es invertir demasiado en un solo sector. La diversificación es esencial para repartir el riesgo entre varias inversiones y evitar pérdidas que podrían afectar a toda la cartera. Investigar varios modelos de ingresos y fuentes de ingresos es crucial para crear una cartera bien equilibrada.

Despreciar el crecimiento personal

Por último, no dar prioridad al crecimiento personal puede impedir la creación de una estrategia de ingresos pasivos rentable. El aprendizaje continuo y el desarrollo de habilidades son importantes para mantenerte al día de los cambios del mercado y un paso por delante de la competencia. El éxito a largo plazo en la creación de un negocio en línea puede lograrse dedicando tiempo al crecimiento personal.

Al mantenerte alejado de estos errores comunes, puedes mejorar tus posibilidades de éxito y crear una cartera de ingresos pasivos consistentes que te da la libertad financiera, la flexibilidad y el control sobre tu vida. Para alcanzar tus objetivos de ingresos pasivos, sé paciente, concéntrate en el crecimiento sostenible, diversifica tus inversiones y realiza inversiones de desarrollo personal.

8

Alcanzar la libertad financiera mediante ingresos pasivos

Todo el mundo quiere poder vivir su vida sin preocuparse por el dinero. Para protegerse de las incertidumbres de la vida cotidiana y sentar las bases financieras de la seguridad en el futuro, puedes invertir en ingresos pasivos. Uno de los mejores caminos para lograr la independencia financiera -la capacidad de vivir independientemente de los demás- es a través de los ingresos pasivos.

Las actividades pasivas como el alquiler de coches u hoteles, el cuidado de niños, el trabajo autónomo e incluso las ventas online no necesitan tratar con compradores o mercancías. Utilizar un enfoque de ingresos pasivos conlleva ciertos riesgos, pero presenta oportunidades de creación de riqueza a largo plazo.

En este capítulo, hablaremos de la importancia de la libertad financiera y de cómo tener ingresos pasivos puede ayudarte a conseguirla más rápido que quienes no cuentan con sus ventajas.

¿Qué es la libertad financiera?

Convendría describir con precisión la libertad financiera antes de seguir examinando su significado. He oído varias explicaciones diferentes, así que permíteme ofrecerte la mía. Es cuando uno ya no está obligado a trabajar para mantener su nivel de vida. Cuando los activos de uno -grandes o pequeños- cubren los gastos de subsistencia.

Para algunas personas, los gastos de manutención pueden incluir un estudio con pocos gastos de viaje y entretenimiento. Otros gastos de manutención incluyen mantener una casa enorme, salir a cenar a restaurantes caros y actividades de ocio caras. La libertad financiera, sea cual sea su definición, es la capacidad de mantener un estilo de vida sin trabajar activamente.

Comprender la importancia de la libertad financiera

El tema de las finanzas personales es amplio. Reducir las deudas, liberarse de ellas, pautas de gasto, gestión del dinero, inversiones y muchos otros temas. Todos son muy importantes, pero yo doy mayor prioridad a la libertad financiera.

La persona que alcanza la libertad financiera y la mantiene ha hecho algo bien. Puede que no lo hayan hecho todo correctamente y, sin duda, siguen cometiendo errores de vez en cuando, pero hacen muchas cosas correctamente. Conseguir y mantener la libertad financiera es una tarea difícil.

1. Más opciones:

Dicho está que tener una mayor libertad financiera nos proporciona más opciones. Más opciones sobre dónde comprar comida, en qué trabajar, dónde vivir, dónde enviar a nuestros hijos a la escuela, y mucho más. Las posibilidades existen, aunque la persona financieramente libre no las utilice todas.

Por ejemplo, alguien financieramente seguro puede decidir trabajar en una profesión que le dé más satisfacciones que alguien que vive al día. Puede elegir su horario de trabajo, muchas de las tareas que quiere realizar y la región del país en la que desea trabajar.

2. La capacidad de pensar estratégicamente:

La capacidad de jugar a largo plazo es el número dos en la lista de importancia para la libertad financiera. Una persona financieramente independiente puede tomar decisiones basadas en perspectivas a largo plazo. No sólo el objetivo inmediato de la existencia diaria y de cubrir las necesidades.

Dos ejemplos son montar un negocio o aceptar un trabajo en una pequeña empresa. Aunque tu salario inicial puede ser inferior al que percibirías si te empleara una gran empresa, el potencial de crecimiento puede ser mucho mayor. En el futuro podrían reducirse las horas de trabajo, ganar más dinero, controlar la implantación de sistemas, etc.

3. Alinear valores y gasto:

A menos que haya tenido suerte o haya recibido una suma considerable, es probable que la persona financieramente segura haya tomado decisiones acertadas en el pasado; lo más probable es que sus ideales y sus gastos sean compatibles. Es importante insistir en esta idea.

Obtenemos más claridad cuando nuestros ideales y nuestros gastos están en consonancia. Sólo gastamos nuestro dinero en cosas importantes para nosotros y nuestras necesidades. No hay despilfarro, pero tampoco hay privaciones ni sensación de estar excluidos. Eso indica que hay armonía financiera.

4. Nuevas perspectivas:

La independencia financiera aporta una nueva perspectiva. En lugar de centrarse en el dinero, las decisiones se toman en función de las creencias, el estilo de vida y los objetivos vitales. El individuo financieramente independiente sigue valorando el dinero, pero no es su motivación principal. No tiene por qué ser el factor decisivo porque el dinero ya no es una ocupación.

Esto no implica que el individuo financieramente independiente pueda empezar a gastar dinero como si no hubiera un mañana. Esa es una forma sencilla de pasar de ser financieramente libre a estar endeudado. Simplemente significa que otros factores, además del dinero, influirán más en las decisiones. En este escenario, una persona puede cambiar de un trabajo muy estresante que paga bien a otro menos estresante que paga menos.

5. Reducción del estrés:

La palabra "dinero" tiene mucho poder. La mera mención puede causar preocupación, miedo e inquietud en las personas que se enfrentan a dificultades financieras. La importancia de la independencia financiera es evidente en esta situación. Una persona financieramente libre puede preocuparse por muchas otras cosas, pero el dinero no es una de ellas.

Claro que todos nos preocupamos si un ser querido se enferma o si nuestros hijos pasan la noche fuera con los amigos. Y muchas de las cosas que nos preocupan son incontrolables. Pero uno puede controlar lo que gasta de dinero. Esto se desarrolla gradualmente con el tiempo, pero es un concepto que va más allá del dinero y es bastante poderoso.

6. Una sensación de logro:

A menudo se ignora la sensación de logro. Aunque no aparezca en el balance, no deja de ser importante. La vida no consiste sólo en hacerse rico o alcanzar los objetivos financieros.

Poner la mente en algo, establecer un objetivo, actuar para cumplirlo y alcanzarlo son aspectos importantes de la vida. Esto conlleva una sensación de realización y logro. Imagina un equipo deportivo profesional que triunfa en el campeonato.

La victoria y el campeonato en sí son la principal motivación para dedicar horas en la sala de pesas, el campo de entrenamiento y la sala de cine; sin embargo, las primas y otros incentivos económicos vienen con la victoria. Esa sensación de éxito. Lo mismo ocurre cuando se alcanzan metas, ya sean económicas, deportivas, profesionales, familiares, etc.

7. En lo que te conviertes a través del proceso:

El valor de la independencia financiera va más allá del dinero. Alcanzar la libertad financiera no sólo tiene que ver con la sensación de logro mencionada en la sección anterior; también tiene que ver con cómo creces durante el proceso.

Necesitas mejorar a lo largo del proceso para alcanzar la libertad financiera. Jim Rohn dice: "Fíjate metas no por el resultado en sí, sino por en quién te conviertes en el proceso". No hay forma de evitar esto a menos que hayas sido el beneficiario de una gran herencia o te haya tocado la lotería.

Debes mejorar para cosechar los beneficios económicos de la libertad financiera. Eso implica aprender nuevas habilidades, ampliar tus horizontes, experimentar y asumir riesgos razonables. Al superar los obstáculos, te desarrollas personalmente, y es lógico que tu situación financiera siga el mismo camino.

8. Más confianza en uno mismo:

Es normal que tu confianza aumente a medida que alcanzas tus objetivos. La confianza se dispara cuando te fijas un objetivo, como liberarte económicamente, y lo consigues. Te has centrado en un objetivo lejano y lo has alcanzado. Eso es un gran logro y una victoria.

Tu confianza para establecer otros objetivos ambiciosos aumenta debido a la importancia de lograr un objetivo como la libertad financiera. ¿Por qué no apuntar más alto ahora que ya has alcanzado un objetivo financiero importante? Ni siquiera tiene por qué estar relacionado con las finanzas personales. Puede ser la salud, la familia, los viajes o cualquier otra cosa.

El nuevo objetivo realmente no importa porque estás seguro de que puedes conseguirlo. Muchas personas luchan por la libertad financiera durante toda su vida, pero nunca lo consiguen. Ahora que ya lo has conseguido, puedes centrarte en alcanzar otros hitos.

9. Mejora de las relaciones:

Uno de los principales factores de divorcio en Estados Unidos suelen ser las disputas financieras. Aunque ayuda, alcanzar la libertad financiera no garantiza que se resuelvan todos los problemas de dinero. Y no sólo porque uno haya alcanzado la libertad financiera.

También es la forma en que la gente ha alcanzado la libertad financiera en el pasado. Cuando una pareja alcanza la independencia financiera, tiene que haber ocurrido algo positivo. Muchas cosas han ido perfectamente para alcanzar la libertad financiera, aunque puede que haya habido altibajos, obstáculos y quizás incluso alguna disputa por el dinero.

Una pareja que ha logrado la independencia financiera conjunta ha pasado por el fuego y ha prevalecido. Se benefician de ser financieramente libres y de superar los obstáculos y adversidades necesarios para conseguirlo. La victoria tiene más sabor cuando se produce de forma natural.

10. Armonía financiera:

La búsqueda de la armonía financiera es crucial para alcanzar la libertad financiera. Ser "rico" o "adinerado" no siempre es necesario para la armonía financiera. Tiene que ver con tener lo suficiente y sentirte seguro con tus finanzas.

La sensación de tener suficiente dinero para cubrir las necesidades básicas, los deseos, los viajes, las obligaciones familiares y mucho más se conoce como armonía financiera. La armonía financiera es un concepto increíblemente difícil de cuantificar. Algunos probablemente no la consigan hasta que tengan millones o decenas de millones, mientras que otros la consiguen cuando alcanzan las seis cifras. Decide cuál es tu cifra y esfuérzate por alcanzarla.

5 pasos hacia la libertad financiera

Debes visualizar tu objetivo final de libertad financiera antes de emprender este camino.

¿Es una cantidad específica de dinero en tus cuentas de inversión y ahorro? ¿Es estar libre de deudas por completo?

Determina el punto en el que tus problemas y preocupaciones financieras disminuyen significativamente. Este punto varía para cada persona. A continuación, sigue leyendo para descubrir cómo conseguir la libertad financiera que deseas.

1. Reconoce dónde estás ahora mismo:

Saber cuál es tu situación actual es el primer paso hacia la libertad financiera. Esto implica comprender claramente tu carga de deudas, saldo de ahorros, gastos mensuales, ingresos, etc.

Dicho de otro modo, debes estar familiarizado con tu estado financiero y comprender razonablemente tus ingresos, gastos, activos y pasivos. Una vez que tengas estas cifras, puedes continuar con el paso 2 de tu camino hacia la libertad financiera, que es escribir tus objetivos.

2. Escribe tus objetivos:

¿Por qué necesitas dinero? Puede ser para pagar un préstamo de estudios, montar un negocio, viajar, organizar la boda de tus hijos, ahorrar para la jubilación, etc. Deseas alcanzar estos objetivos en cuanto dispongas de dinero suficiente.

Por lo tanto, el dinero es sólo una herramienta para ayudarte a alcanzar tus objetivos financieros. Sin embargo, hasta que no pongas tus objetivos por escrito, tu dinero se malgastará y no sabrás cómo utilizarlo sabiamente. Por lo tanto, pon por escrito tus cinco objetivos principales para los próximos 1, 5, 10 y 20 años.

Además, asegúrate de establecer objetivos SMART cuando escribas tus objetivos. Esto significa objetivos específicos, medibles, alcanzables, realistas y sujetos a plazos. Por ejemplo, un objetivo específico, medible, alcanzable, realista y sujeto a un plazo es acumular 1.000.000 de dólares en 2050 para pagar tu jubilación.

3. Controla tus gastos:

Llevar un registro de tus gastos es un paso crucial hacia la libertad financiera. Puedes hacerlo de varias formas, como utilizando una hoja de cálculo de Excel o un cuaderno. También puedes utilizar la función de seguimiento del dinero de la aplicación ETMONEY, un método sencillo y útil para controlar tus gastos. El programa hace un seguimiento automático de tus gastos, clasificándolos por viajes, compras, salidas a cenar, etc.

Este seguimiento del gasto aumenta la responsabilidad y es un paso crucial hacia la libertad financiera. Además, revela muchas compras innecesarias que has hecho sólo porque te apetecía. Una compra impulsiva, en todo caso, simboliza la pérdida de control y se interpone en tu camino hacia la independencia financiera.

Por lo tanto, debes mantener el control llevando un seguimiento meticuloso de tus gastos.

4. Págate a ti primero:

"Págate a ti primero" se refiere a ahorrar una cantidad fija de dinero en una cuenta de inversión o ahorro antes de pagar cualquier otra factura, gasto discrecional, alquiler, etc.

Pagarse a uno mismo primero ha sido un paso sencillo que ha acercado a muchas personas a la libertad financiera. Esto funciona porque nos impulsa a buscar otras opciones para mantener bajos los costes.

Por ejemplo, si los gastos autorizados restantes fueran insuficientes, tendría que tomar otras medidas. Esto puede implicar realizar sencillos ajustes en el estilo de vida para reducir el gasto o iniciar un negocio secundario para complementar tus ingresos actuales. En cualquier caso, pagarte a ti primero te garantiza que reservarás dinero de forma constante para invertir en tus finanzas futuras y en tu desarrollo personal.

5. Gasta menos:

Ahorrar equivale a ganar. Sin embargo, la relación entre un dólar ganado y uno ahorrado no es igual, porque se gana mucho más dinero cuando se invierte ese dólar.

Gastar menos hoy no implica renunciar al modo de vida actual. El gasto inteligente, que puede hacerse de varias formas ingeniosas, es más importante para la libertad financiera. Uno de los métodos más populares es desarrollar tus habilidades culinarias para ahorrar dinero en comer afuera. Establecer débitos automáticos para evitar cargos por demora en tus tarjetas de crédito.

El simple hecho de retrasar unos días una compra no esencial reducirá significativamente los gastos impulsivos, lo que en última instancia te acercará a la libertad financiera.

6. Paga tus deudas:

De múltiples maneras, saldar una deuda importante fomenta la libertad financiera. Al fin y al cabo, tienes más flujo de caja potencial en el futuro. Tu solvencia crediticia es excelente. Y lo que es más importante, saldar un préstamo te quita una tremenda carga de encima.

Existen dos enfoques principales para la amortización de deudas. El primero es el de la "bola de nieve", en el que se paga primero la deuda más pequeña. En otras palabras, hay que tachar una deuda de la lista antes de pasar a las más grandes. La técnica de la avalancha es la segunda forma de saldar deudas, en la que se pagan las deudas que tienen el tipo de interés más alto antes de pasar a las deudas con tipos de interés más bajos.

Ambos métodos son eficaces, así que si estás ahogado por las deudas, elige el que más te convenga. Pero no se puede ignorar el hecho de que uno de los pasos más importantes para conseguir la libertad financiera es saldar las deudas.

7. Avanza constantemente en tu carrera profesional:

Uno de los métodos más rápidos para alcanzar la libertad financiera es aumentar los ingresos manteniendo o reduciendo los gastos. Esto requiere un esfuerzo constante por tu parte para hacer progresar tu negocio o tu carrera.

Por ejemplo, desarrollando nuevas habilidades útiles y mejorando tu valía para tu empleador, tu carrera y, por tanto, tu salario pueden avanzar más rápidamente. Si trabajas por cuenta propia, esto implica desarrollar estrategias de crecimiento para mantener tu negocio en expansión.

Por lo tanto, si has dejado que tu ascenso laboral dependa del azar, ahora es un buen momento para evaluar cómo acelerar el proceso. Como resultado, tu nivel de ingresos aumentará y estarás un paso más cerca de la independencia financiera.

8. Desarrolla nuevas fuentes de ingresos:

Un trabajo de 9 a 5 puede no ser suficiente para la mayoría de las personas que se toman en serio la libertad financiera. En otras palabras, encontrar un trabajo puede no ser tu única opción para generar ingresos. Algunos gurús financieros aconsejan encontrar hasta cinco fuentes de ingresos diferentes. Por lo tanto, si tienes un trabajo de 9 a 5, ¡enhorabuena! Tienes una fuente de dinero. Ahora tienes que nombrar otras cuatro.

Una segunda fuente de ingresos es posible. La primera estrategia es la renta activa, cambiar tu tiempo por dinero. El método alternativo para generar ingresos adicionales es hacerlo de forma pasiva, lo que implica hacer el trabajo una sola vez y que el dinero fluya automáticamente después.

Si eliges la primera estrategia -intercambiar tu tiempo por dinero- estarás limitado por el número de horas al día, que siempre está restringido a 24. Los ingresos activos, sin embargo, pueden ponerse en marcha con bastante rapidez. Además, esto puede ayudarte a empezar rápidamente con actividades secundarias como trabajar como escritor autónomo, conducir un Uber, crear logotipos en Fiverr.com, etc.

En cuanto a los ingresos pasivos, las actividades más comunes que te aportan dinero incluyen la venta de productos digitales como libros electrónicos y cursos, el marketing de afiliación, la inversión en acciones, etc.

Por lo tanto, averigua qué es lo que más te conviene y empieza a dar los primeros pasos para conseguir un segundo ingreso.

9. Invierte:

Invertir es la novena etapa y la más avanzada para alcanzar la libertad financiera. Lo primero es invertir todo lo que puedas lo antes posible, utilizando la capitalización a tu favor. A continuación, aumenta tus inversiones anualmente en una proporción superior al crecimiento de tus ingresos.

Lograr una asignación de activos del 50-60% en renta variable tan pronto como puedas es otro paso crucial. Mantén una proporción del 60-40 entre activos de renta variable y no variable como pauta general. Pero no dudes en ajustar esa proporción a tu nivel de tolerancia al riesgo.

El siguiente paso práctico es automatizar la inversión mediante SIP y despreocuparte de la sincronización con el mercado. Por último, recuerda reequilibrar tu cartera después de revisarla una vez al año.

Conclusión

Encontrar formas de ganar dinero más rápidamente puede proporcionarte la libertad de llevar tus finanzas al siguiente nivel, porque sólo hay una cantidad de horas en el día. Añadir flujos de ingresos pasivos con varias economías subyacentes puede proporcionarte la libertad de explorarlas, ya sea que ese nivel sea tomar unas vacaciones estupendas o comprar un par de zapatos increíbles.

Tus ingresos pueden aumentar significativamente, y los huecos que deja el empleo de 9 a 5 pueden llenarse con ingresos pasivos. Las sugerencias de este libro pueden ayudarte si deseas añadir otra fuente de ingresos para asegurar tu futuro financiero.

También es aceptable si disfrutas de tu trabajo a tiempo completo. Cuando se combina con un trabajo de 9 a 5, el trabajo que implica la creación de ingresos pasivos suele ser manejable. Así que sí, puedes hacer ambas cosas.

Descubrirás que se puede ganar dinero en estos sectores, tanto si quieres establecer un negocio de dropshipping, tu agencia o producir contenidos de éxito. Empezar es todo lo que se necesita.

www.ingramcontent.com/pod-product-compliance
Lightning Source LLC
LaVergne TN
LVHW050752051026
849532LV00008B/2852
* 9 7 8 9 9 2 5 3 8 0 5 4 1 *